AF635970

Susanne Kirndorfer

Barbara Thiel

IM BERUF *Neu*

Fachwortschatztrainer Küche und Restaurant

Deutsch als Fremd- und Zweitsprache

Hueber Verlag

Fachliche Beratung: Christina Knöß, Berufsschullehrerin für Ernährung und Deutsch, München

🔊 Zu den so gekennzeichneten Übungen und zum Lernwortschatz gibt es Audiodateien, die Sie über die kostenlose *Hueber Media*-App für Smartphone und Tablet abrufen können.

Unter *www.hueber.de/im-beruf-neu* können Sie die Audios auch im MP3-Format kostenlos herunterladen. Dort finden Sie auch die Lösungen zu den Übungen in diesem Trainer.

Der Verlag weist ausdrücklich darauf hin, dass im Text enthaltene externe Links vom Verlag nur bis zum Zeitpunkt der Buchveröffentlichung eingesehen werden konnten. Auf spätere Veränderungen hat der Verlag keinerlei Einfluss. Eine Haftung des Verlags ist daher ausgeschlossen.

Das Werk und seine Teile sind urheberrechtlich geschützt. Jede Verwertung in anderen als den gesetzlich zugelassenen Fällen bedarf deshalb der vorherigen schriftlichen Einwilligung des Verlags.

Eingetragene Warenzeichen oder Marken sind Eigentum des jeweiligen Zeichen- bzw. Markeninhabers, auch dann, wenn diese nicht gekennzeichnet sind. Es ist jedoch zu beachten, dass weder das Vorhandensein noch das Fehlen derartiger Kennzeichnungen die Rechtslage hinsichtlich dieser gewerblichen Schutzrechte berührt.

5. 4. 3.
2028 27 26 25 24

Die letzten Ziffern bezeichnen Zahl und Jahr des Drucks.

Alle Drucke dieser Auflage können, da unverändert, nebeneinander benutzt werden.

1. Auflage
© 2019 Hueber Verlag GmbH & Co. KG, München, Deutschland
Umschlaggestaltung: Sieveking Agentur, München
Layout und Satz: Sieveking Agentur, München
Verlagsredaktion: Ingo Heyse, Thomas Stark, Hueber Verlag, München
GPSR-Kontakt: Hueber Verlag GmbH & Co. KG, Baubergerstraße 30, 80992 München, kundenservice@hueber.de
Druck und Bindung: Friedrich Pustet GmbH & Co. KG, Gutenbergstraße 8, 93051 Regensburg, technik@pustet.de
Printed in Germany
ISBN 978-3-19-351190-4

Art. 530_24677_001_03

Inhalt

Vorwort

Mehr als 700 Wörter aus dem Fachwortschatz Küche und Restaurant wurden für diesen Trainer thematisch in 35 Wortfelder gruppiert. Je eine Doppelseite zu jedem Wortfeld bietet abwechslungsreiche Übungen und eine Liste des Lernwortschatzes mit Linien zum Eintragen der eigenen Übersetzung.

Die ersten zehn Wortfelder haben wir zum besseren Kennenlernen der Übungstypen konsequent mit Beispiellösungen versehen. In den Wortfeldern 11 bis 35 haben nur noch unbekannte Übungstypen solche Beispiellösungen.

Übungen auf der Grundlage eines Hörtextes sind durch ein Lautsprechersymbol besonders gekennzeichnet. Diese Hörtexte und die Vertonung des Lernwortschatzes sind über eine kostenlose App für Smartphone und Tablet abrufbar.
Unter *www.hueber.de/im-beruf-neu* finden Sie die Audiodateien auch im MP3-Format zum kostenlosen Download. Sie können dort auch die Lösungen zu den Übungen in diesem Trainer kostenlos herunterladen.

Zum schnellen Auffinden einzelner Wörter dient das Wörterverzeichnis im Anhang ab Seite 76.

Viel Spaß und Erfolg mit unserem Fachwortschatztrainer Küche und Restaurant wünschen Ihnen
die Autorinnen und der Verlag

Einige Tipps für's Wörterlernen

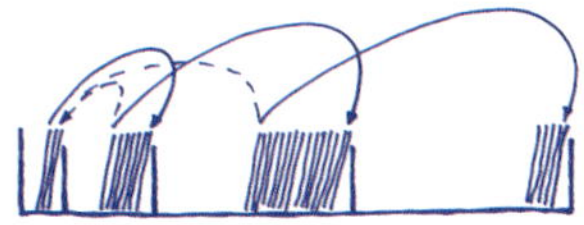

Karteikarten

Schreiben Sie die Wörter, die Sie lernen möchten, zusammen mit einem Beispielsatz auf Karteikarten. Notieren Sie auf die Rückseite die Übersetzung. Besorgen Sie sich einen Karteikasten. Neue Kärtchen kommen ins erste Fach. Wenn Sie ein Wort können, wandert es ein Fach nach hinten. Die Wörter in den hinteren Fächern werden ab und zu kontrolliert. Beherrschen Sie eine Vokabel bei der Überprüfung nicht mehr, kommt sie wieder ins erste Fach. Das letzte Fach ist das Archiv. Aber auch diese Wörter sollten Sie gelegentlich überprüfen.

Wörternetze

Notieren Sie Wörter, die zusammengehören, in einem Wörternetz und sammeln Sie diese Netze. Wenn Sie ein neues Wort lernen, das dazu passt, ergänzen Sie Ihr Netz.

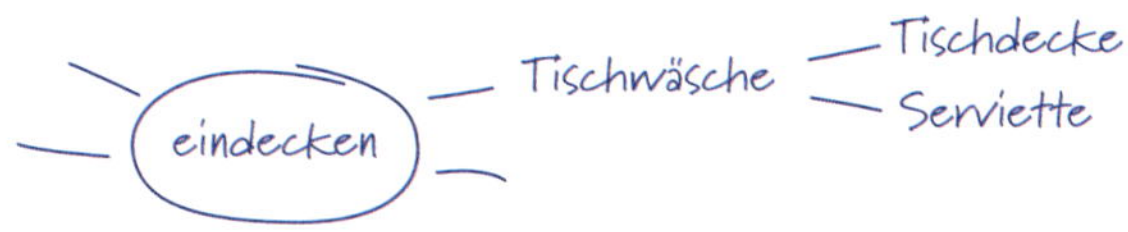

Wort-Bild-Karten

Schreiben Sie das Wort auf ein Kärtchen und kleben Sie auf ein anderes Kärtchen ein passendes Bild oder zeichnen Sie selbst. Mit einer Sammlung dieser Kartenpaare können Sie ein Memo-Spiel oder, wenn Sie ein Bild und ein nicht dazu passendes Wort zusammenkleben, Domino spielen. Das macht am meisten Spaß, wenn Sie mit mehreren zusammen spielen.

Diese Spiele funktionieren auch, wenn Sie Teile von zusammengesetzten Wörtern auf die Kärtchen schreiben.

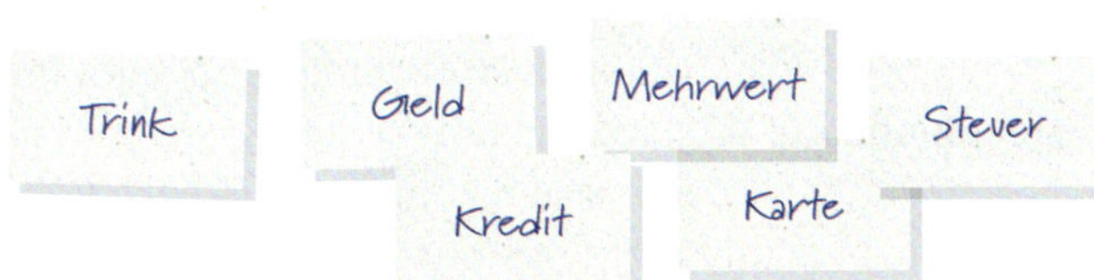

Schreiben

Schreiben Sie die Wörter öfter mal mit der Hand. Was man geschrieben hat, prägt sich besser ein, und mit der Hand funktioniert das besser als mit dem Computer.
Sie können zu den Wörtern auch Beispielsätze aus Ihrem Berufsalltag aufschreiben. Oder Sie schreiben Sätze, die den Begriff definieren.

Die Knochen eines Fischs nennt man Gräten.

Bewegung

Auch Bewegung hilft beim Lernen. Legen Sie die Lernwortschatzliste in die Küche und decken Sie die deutsche Seite zu. Schauen Sie ein muttersprachliches Wort an, gehen Sie ins Wohnzimmer und notieren Sie dort das deutsche Wort usw., bis Sie die Liste abgearbeitet haben.

1 Berufe und Arbeitsbereiche in der Küche

1 a Beschriften Sie die Bilder.

die / der Barista | die Barkeeperin / der Barkeeper | die Beiköchin / der Beikoch | Fachfrau / Fachmann für Systemgastronomie | die Köchin / der Koch | ~~die Restaurantfachfrau / der Restaurantfachmann~~

1 der Restaurantfachmann   2 ....   3 ....   4 ....   5 ....   6 ....

b Ergänzen Sie Wörter aus a in der passenden Form.

1 Kai hat eine Ausbildung als Restaurantfachmann gemacht, er bedient in einem gehobenen Restaurant in der Innenstadt.
2 Unser Restaurant ist sehr groß, wir haben eine ...., zwei Köche und eine Auszubildende. Sie wechseln sich jeden Tag ab, aber es stehen immer mindestens zwei in der Küche am Herd.
3 Als .... arbeitet Ulrike in einem Steakhaus, das zu einem Franchiseunternehmen gehört.
4 Der .... hilft dem Koch beim Vorbereiten der Speisen.
5 .... ist ein anstrengender Job, man muss bis spät in die Nacht hinter der Bar stehen und die Wunschcocktails seiner Gäste mixen.
6 Lorenz hat viele Schulungen zum Kaffeeexperten gemacht, denn als .... zu arbeiten, bedeutet mehr, als nur Kaffee einzuschenken. Er ist heute Geschäftsführer und leitet ein Café.

2 a Was arbeiten die Personen? Hören und ergänzen Sie.

1 Ich arbeite als Restaurantfachmann.
2 Und ich als ....
3 Ich bin ....
4 Ich bin ....
5 Timo arbeitet als ....
6 Ich bin .... von Beruf.
7 Ich bin ....

b Wer arbeitet wo? Ergänzen Sie die Zahlen aus a.

A 3 Ich arbeite in einer Kneipe hinter der Bar.
B ... Ich arbeite in einer Küche.
C ... Ich auch. Ich unterstütze die Köche bei vielen Tätigkeiten.
D ... Ich besitze ein kleines Café, in dem ich auch arbeite.

E ___ Ich arbeite im Service in einem Restaurant.
F ___ Ich arbeite in der Systemgastronomie.
G ___ Ich mache eine Ausbildung.

3 Ergänzen Sie in der passenden Form.

~~der Auszubildende~~ | die Ausbildung | arbeiten als | der Biergarten | die Geschäftsführerin | am Herd | die Kneipe | jobben | am Tresen

1 Hassan ist Auszubildender in einem 5-Sterne-Restaurant. Wenn er fertig ist, kann er überall auf der Welt als Koch arbeiten.
2 Nina ist Kellnerin in einer ______________. Sie bringt den Gästen die Getränke. Hinter der Bar arbeiten möchte sie nicht, das ist ihr zu anstrengend. Sie sitzt nach Feierabend lieber selbst ______________.

3 Erich macht eine ______________ zum Koch. Außerdem ______________ er an seinen freien Tagen im ______________.
4 Manfred ______________ Beikoch und steht jeden zweiten Tag in der Küche eines Restaurants um die Ecke.

5 Giuliana ist ______________ von einem Fast-Food-Restaurant. Sie steht dort aber nicht ______________, sondern sitzt eigentlich immer an ihrem Schreibtisch im Büro. Das Essen bereiten andere zu.

4 Welche Berufe in der Gastronomie finden Sie interessant? Wo würden Sie gerne arbeiten? Machen Sie Notizen.

Lernwortschatz

die Ausbildung, -en ______________
die Aushilfe, -n ______________
die / der Auszubildende, -n ______________
die Bar, -s; hinter der Bar ______________
die / der Barista, – oder -s ______________
der Barkeeper, – / die Barkeeperin, -nen ______________
die Bedienung, -en ______________
der Beikoch, ¨-e / die Beiköchin, -nen ______________
der Biergarten, ¨- ______________
das Café, -s ______________
die Fachfrau / der Fachmann für Systemgastronomie ______________
das Fast-Food-Restaurant, -s ______________
der Geschäftsführer, – /die Geschäftsführerin, -nen ______________
der Herd, -e; am Herd stehen ______________
das Hotel, -s ______________
jobben, hat gejobbt ______________
die Kneipe, -n ______________
der Koch, ¨-e ______________
der Restaurantfachmann, ¨-er / die Restaurantfachfrau, -en ______________
das Restaurant, -s ______________
der Tresen, – ______________

2 Besteck und Geschirr

1 Ergänzen Sie.

das Geschirr

die Tafel

~~das Besteck~~

die Vorspeise

das Dessert

1 Messer, Gabel und Löffel zusammen nennt man Besteck.
2 Zu Tellern, Gläsern und Tassen sagt man auch ....
3 Nach der Hauptspeise mögen manche Gäste ein ....
4 Eine Suppe ist eine typische ....
5 Für eine Geburtstagsfeier mit 20 Personen bereitet man am besten eine festliche .... vor.

2 Beschriften Sie die Bilder.

das Buttermesser | der Dessertlöffel | das Fischmesser | das Käsemesser | der Kaffeelöffel | die Kuchengabel | das Steakmesser | die Tafelgabel | ~~der Tafellöffel~~ | das Tafelmesser | das Tranchierbesteck | der Vorspeisenlöffel

1 der Tafellöffel

2 ....

3 ....

4 ....

5 ....

6 ....
....

7 ....

8 ....

(6–8: Mittelbesteck)

9 ....

10 ....

11 ....

3 Ordnen Sie zu. Manchmal gibt es mehrere Möglichkeiten.

1 das Becherglas B, b, c
2 das Kännchen ......, ...
3 das Stielglas ......, ...
4 die Tasse ......, ...

A

B

C

D

a der Kaffee
b die Cola
c das Wasser
d der Rotwein
e der Tee
f der Weißwein

4 a **Beschriften Sie die Bilder.**

der Brotteller | der Dessertteller | der große Teller | ~~der Platzteller~~ | der Suppenteller | der Vorspeisenteller

1 der Platzteller
2 ......
3 ....
4 ....
5 ......
6 ....

b **Für manche Teller gibt es zwei Fachwörter. Ergänzen Sie in a.**

der kleine Teller | der Mittelteller | der tiefe Teller

5 **Welches Besteck und welches Geschirr aus den Aufgaben 2, 3 und 4 benötigen Sie für ein Frühstück? Was benötigen Sie für ein Abendessen? Notieren Sie mit Artikel.**

Frühstück	Abendessen
der Kaffeelöffel	

6 **Welches Besteck und welches Geschirr benutzen Sie persönlich im Alltag, welches nur in der Arbeit? Notieren Sie.**

Lernwortschatz

das Becherglas, ¨-er ......
das Besteck ......
der Brotteller / kleine Teller, – ......
das Buttermesser, – ......
das Dessert, -s ......
der Dessertlöffel / Vorspeisenlöffel, – ......
der Dessertteller / Mittelteller, – ......
das Fischmesser, – ......
das Geschirr (Sg.) ......
die Kuchengabel, -n ......
der Kaffeelöffel, – ......
das Kännchen, – ......
das Käsemesser, – ......
der Platzteller, – ......
das Steakmesser, – ......
das Stielglas, ¨-er ......
der Suppenteller / tiefe Teller, – ......
die Tafel, -n ......
die Tafelgabel, -n ......
der Tafellöffel, – ......
das Tafelmesser, – ......
die Tasse, -n ......
der große Teller, – ......
das Tranchierbesteck (Sg.) ......
die Vorspeise, -n ......
der Vorspeisenteller, – ......

3 Tische eindecken

1 a Bilden Sie acht Wörter und beschriften Sie die Bilder.

1 
2 
3 
4 
5 
6 
7 
8 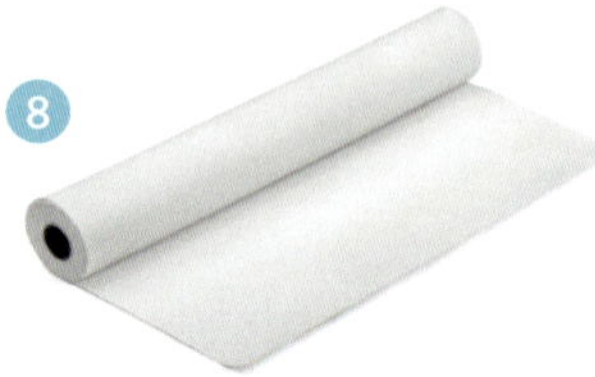

Baumwoll	
Edelstahl	serviette
Leinen	besteck
Silber	tischdecke
Papier	

1 die Baumwolltischdecke 2 .... 3 ....
4 .... 5 .... 6 ....
7 .... 8 ....

b Welche Wörter aus Aufgabe a passen? Ordnen Sie zu.

Frühstück im 2-Sterne-Hotel:
Baumwolltischdecke,
.........., ...

Abendessen im Gourmetrestaurant:
.........., ...,
....

2 Lesen Sie und schreiben Sie die Wörter richtig. Hören Sie dann zur Kontrolle.

Frau Nowak arbeitet als Kellnerin in einem exklusiven italienischen Restaurant. Sie erklärt uns, wie sie die Tische eindeckt [1] [decktein]:
„Als erstes die .... [2] [wäTischsche]. Der Chef möchte, dass alles immer .... [3] [pflegtge] aussieht. Wir haben ausschließlich Leinentischdecken. Oben drauf kommt zusätzlich noch ein .... [4] [ferLäu]. Und für jeden Gast gibt es ein .... [5] [chendeckPlatz]. Außerdem bekommen alle eine Baumwollserviette. Zum Glück müssen wir die Tischwäsche nicht hier bei uns reinigen, das wäre viel zu viel Arbeit. Wir benutzen .... [6] [scheLeasingwä], die ein Mal in der Woche von einer Firma geholt und gebracht wird. Für jeden Gast dann noch Geschirr und Besteck. Zum Schluss stelle ich noch die Blumenvasen und Salz- und .... [7] [erferPfefstreu] auf die Tische. Fertig!“

3 Ergänzen Sie mit Artikel.

der Aschenbecher

das Dekor

die Dekoration

das Porzellan

das / der Rechaud

das Tablett

~~die Vase~~

1 für Blumen: die Vase
2 hält Essen warm: ....
3 Muster auf dem Geschirr: ....
4 Kerzen und Blumen auf dem Tisch: ....
5 Teller und Tassen aus einem bestimmten Material: ....
6 für Zigaretten: ....
7 zum Transportieren: ....

4 Vergleichen Sie Bild A und B. Was fehlt in Bild B? Notieren Sie.

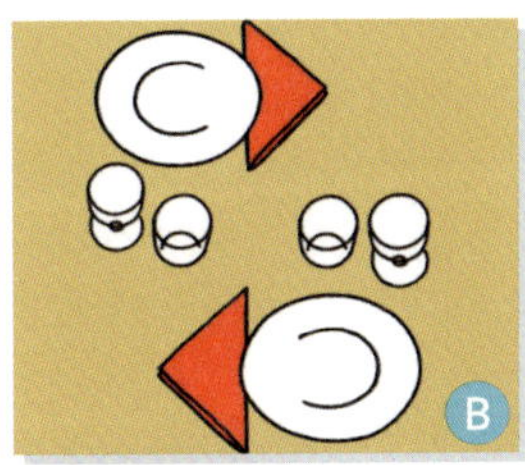

Das fehlt auf Bild B: die Vase,
..........,
..........,
..........,
..........,
....

5 Sie planen ein Abendessen für einen Geburtstag. Wie decken Sie den Tisch ein? Notieren Sie.

Lernwortschatz

der Aschenbecher, – ....
die Baumwollserviette, -n ....
die Baumwolltischdecke, -n ....
das Dekor, -s ....
die Dekoration (Sg.) ....
das Edelstahlbesteck (Sg.) ....
eindecken, hat eingedeckt ....
gepflegt aussehen, hat ausgesehen ....
der Läufer, – ....
die Leasingwäsche (Sg.) ....
die Leinenserviette, -n ....
die Leinentischdecke, -n ....
die Papierserviette, -n ....
die Papiertischdecke, -n ....
das Platzdeckchen, – ....
das Porzellan (Sg.) ....
das (auch: der) Rechaud, -s ....
der Salz-/Pfefferstreuer, – ....
das Silberbesteck (Sg.) ....
das Tablett, -s ....
die Tischwäsche (Sg.) ....
die Vase, -n ....

4 Im Gespräch mit dem Gast

1 **Ordnen Sie die Sätze den Bildern zu und bringen Sie sie in die richtige Reihenfolge.**

A Die Bedienung serviert das Essen.
B Bedienung: „Ich wünsche Ihnen einen guten Appetit."
C Die Bedienung nimmt die Bestellung auf.
D Gast: „Das Essen schmeckt sehr gut."

2 **Ergänzen Sie (mit Artikel).**

Nomen	**Verben**
der Service	servieren
…………	empfehlen
der Genuss	…………
…………	schmecken
die Speise	…………

3 **Hören und ergänzen Sie.**

1 Ich wünsche guten Appetit!
2 Darf ich Ihre ………… aufnehmen?
3 Der Tisch wird gleich frei. Einen ………… bitte!
4 Darf ich Ihnen die Hauptspeise …………?

4 **Ergänzen Sie und bringen Sie den Dialog in die richtige Reihenfolge.**

entschieden | empfehlen | ~~Garderobe~~ | guten Appetit | Speisekarte

1 ◆ Guten Tag, darf ich Ihnen Ihre Jacken abnehmen und an die Garderobe hängen?
… ◆ Ich bringe Ihnen gleich die ………….
… ▲ Als Vorspeise nehmen wir den kleinen Salat und die Tomatensuppe. Welche Hauptspeise können Sie uns …………?
… ◆ Unsere hausgemachten Käsespätzle sind wirklich gut.
… ▲ Die nehmen wir! Danke.
… ◆ Ich wünsche …………!
… ◆ Haben Sie sich schon …………?
… ▲ Ja, gerne! Vielen Dank!

5 Schreiben Sie die Wörter richtig.

Guter Service [1] [viceSer] in einem Restaurant bedeutet mehr als nur die ______ [2] [ungstellBe] aufzunehmen, das Essen zu ______ [3] [enservier] und die Jacken in die ______ [4] [robeeGard] zu hängen. Es geht vor allem darum, dass die Gäste sich ______ [5] [fühlenwohl] und gerne wiederkommen. Selbstverständlich ist es auch wichtig, dass das Essen ______ [6] [cktschme], aber einer aufmerksamen und höflichen Bedienung wird viel verziehen. Ist aber der Service schlecht, ist auch das beste Essen kein ______ [7] [nussGe].

6 Was passt? Kreuzen Sie an.

Tanjas bunte Welt

Liebe Freunde,
es ist soweit, ich bin nun offiziell seit einem Monat in meinem neuen Job und endlich finde ich mal wieder Zeit in meinem Blog zu schreiben! Ich arbeite ⊗ im Service ○ in der Garderobe[1] in einem richtig guten Restaurant. Meine Aufgabe ist es, die Jacken und Mäntel in ○ die Garderobe ○ die Speisekarte[2] zu hängen, den Gästen ○ die Speisekarte ○ die Empfehlung[3] zu bringen die Bestellung aufzunehmen und das Essen zu ○ genießen ○ servieren[4]. Zum Glück muss ich nicht selber kochen, das kann ich nämlich gar nicht.
Bisher macht es mir sehr viel Spaß, aber manche Gäste sind ganz schön anstrengend. Trotzdem muss man immer ○ empfehlend ○ höflich[5] bleiben und alle stets ○ zuvorkommend ○ genießend[6] behandeln. Das Wichtigste ist, dass die Gäste sich ○ wohlfühlen ○ schmecken[7].
Ich werde bald wieder berichten!
Eure Tanja Bergmann

7 Was ist Ihnen bei einer Bedienung im Restaurant besonders wichtig? Arbeiten Sie auch im Service? Erzählen Sie von Ihren Erfahrungen.

Lernwortschatz

aufmerksam ______
aufnehmen, hat aufgenommen: eine Bestellung aufnehmen ______
„Einen Moment bitte." ______
die Empfehlung, -en ______
empfehlen, hat empfohlen ______
sich entscheiden, hat sich entschieden ______
die Garderobe, -n ______
genießen, hat genossen ______
der Genuss, ¨-e ______
der Geschmack (Sg.) ______
„Guten Appetit!" ______
höflich ______
schmecken, hat geschmeckt ______
der Service (Sg.) ______
servieren, hat serviert ______
die Speisekarte, -n ______
speisen, hat gespeist ______
sich wohlfühlen, hat sich wohlgefühlt ______
zuvorkommend ______

5 Service und Beschwerden

1 Guter Service ist eine Kunst für sich – Was sollten Sie tun und was auf gar keinen Fall? Kreuzen Sie an.

Sie sollten …

☺ ☹

1 ☒ ○ … sich nach der Zufriedenheit der Gäste erkundigen.
2 ○ ○ … Hektik verbreiten.
3 ○ ○ … auch bei Beschwerden die Ruhe bewahren.
4 ○ ○ … Reklamationen ignorieren.
5 ○ ○ … übertriebene Aufmerksamkeit vermeiden.
6 ○ ○ … auch bei vollem Restaurant auf guten Service für alle Gäste achten.
7 ○ ○ … sich um schwierige Gäste besonders gut kümmern.
8 ○ ○ … das Essen der Gäste bei Beschwerden in keinem Fall zurücknehmen.

2 Welches Foto passt zu welchem Satz? Notieren Sie die Buchstaben.

1 G Das Gemüse ist total verkocht.
2 ...... Das Weinglas ist schmutzig.
3 ...... Die Suppe ist versalzen.
4 ...... Das Fleisch ist zäh.
5 ...... Die Kartoffeln sind angebrannt.
6 ...... Das Steak ist nicht durch.
7 ...... Der Fisch ist nur lauwarm.

3 Was sagt ein Kellner (K)? Was sagt ein Gast (G)? Hören Sie und notieren Sie K oder G.

1 K Ist alles zu Ihrer Zufriedenheit?
2 ...... Es tut mir sehr leid, dass Sie so lange warten mussten.
3 ...... Verzeihung, aber die Suppe ist total versalzen.
4 ...... Pardon, ich bringe Ihnen gleich ein frisches Glas.
5 ...... Ihr Service war, ehrlich gesagt, schon einmal besser.
6 ...... Ich kümmere mich sofort um Ihre Reklamation.
7 ...... Lauwarm? Oh Verzeihung, dann nehmen wir den Fisch natürlich zurück.
8 ...... Pardon, aber das kann ich nicht essen. Das ist viel zu zäh.
9 ...... Ich bedaure sehr, dass Sie mit dem Service heute so unzufrieden waren.
10 ...... Darf ich Ihnen einen Espresso aufs Haus bringen?

4 **Ein Gast beschwert sich bei der Kellnerin. Was könnte die Kellnerin sagen? Notieren Sie möglichst viele Möglichkeiten. Aufgabe 3 hilft Ihnen.**

Kellnerin: Hier Ihre Rechnung. War alles zu Ihrer Zufriedenheit?
Gast: Das Essen war wie immer fantastisch, aber ehrlich gesagt hat heute alles zu lange gedauert.
Kellnerin: ....

....

....

Gast: Verzeihung, aber das Gemüse ist total verkocht.
Kellnerin: ....

....

....

5 **Beschwerden im Restaurant oder Café kann man sehr unterschiedlich formulieren. Welche Beschwerden klingen für Sie besonders höflich und welche eher unhöflich? Notieren Sie.**

Lernwortschatz

anbrennen, ist angebrannt ....
die Aufmerksamkeit (hier Sg.) ....
aufs Haus ....
bedauern, hat bedauert ....
die Beschwerde, -n ....
durch sein (Fleisch) ....
„Es tut mir leid." ....
Hektik verbreiten, hat verbreitet ....
....
sich um etwas kümmern, hat sich gekümmert ....
....
lauwarm ....
„Pardon" ....
die Reklamation, -n ....

Ruhe bewahren, hat Ruhe bewahrt ....
....
schmutzig ....
übertreiben, hat übertrieben ....
....
verbrennen, hat / ist verbrannt ....
....
verkochen, hat verkocht ....
versalzen, hat versalzen ....
„Verzeihung" ....
zäh ....
die Zufriedenheit (Sg.) ....
zurücknehmen, hat zurückgenommen ....
....

6 Bezahlen

1 Welches Foto passt? Notieren Sie die Buchstaben.

1 C bar bezahlen
2 ..... einen Bewirtungsbeleg ausstellen
3 ..... mit EC-Karte bezahlen
4 ..... getrennt bezahlen
5 ..... Trinkgeld geben
6 ..... mit Kreditkarte bezahlen
7 ..... zusammen bezahlen

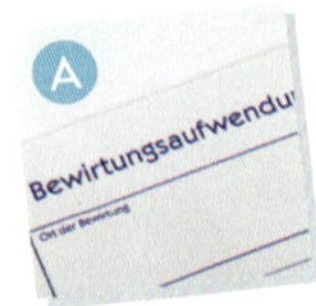

2 Was passt? Verbinden Sie.

1 USt.	A gesamt
2 Das macht 23,40 Euro.	B der Grund
3 total	C Das kostet 23,40 Euro.
4 Mwst.	D Essen und Trinken für Gäste
5 Kosten steuerlich absetzen	E die Umsatzsteuer
6 der Anlass	F die Mehrwertsteuer
7 die Bewirtung	G in der Steuererklärung als Ausgaben aufführen

3 Was ist richtig? Hören Sie und kreuzen Sie an.

1 Jessica und Julian bezahlen ○ zusammen. ⊗ getrennt.
2 Herr Brunner gibt ○ Trinkgeld. ○ kein Trinkgeld.
3 Frau de Silva benötigt ○ einen Bewirtungsbeleg. ○ eine Rechnung.
4 Markus möchte ○ mit EC-Karte bezahlen. ○ bar bezahlen.
5 Sybilles Mittagessen kostet ○ 15 Euro. ○ 15,70 Euro.
6 Herr Miller reserviert einen Tisch ○ für seinen Geburtstag. ○ für ein Geschäftsessen.

4 a Was steht auf einem Bewirtungsbeleg? Ergänzen Sie.

Adresse der Firma | ~~Adresse des Restaurants~~ | alle Gerichte und Getränke | Anlass der Bewirtung | Namen der bewirteten Personen | Rechnungsnummer | Steuernummer | Steuersatz | Tag der Bewirtung | Tag der Rechnungsstellung | Rechnungsbetrag | Unterschrift

1 wo das Restaurant ist: Adresse des Restaurants
2 bekommt man vom Finanzamt: .....
3 wann man im Restaurant war: .....
4 wann die Rechnung geschrieben wurde: .....
5 Nummer des Bewirtungsbelegs: .....
6 was gegessen und getrunken wurde: .....
7 in Restaurants in Deutschland normalerweise 19 %: .....
8 wie viel man bezahlen muss: .....
9 schnell geschriebener Name: .....

10 warum man im Restaurant war: ....

11 wer gegessen und getrunken hat: ....

12 wo man bewirtet hat: ....

b **Ergänzen Sie die Ziffern aus a.**

Österreichische Weinstube
Amselstraße 4
80333 München (1)

Rechnung
20.11.20XX – Re.-Nr. 3381
Tisch 12

Apfelschorle 5 × 3,50	19 %	17,50
Backhendl 5 × 15,90	19 %	79,50
Riesling 2 × 4,70	19 %	9,40
Netto Total		94,70

	Satz	Brutto	Netto	MwSt.
Anteil	19 %	106,40	94,70	11,70

BAR total: **106,40 Euro**

Steuernummer DE123456789

Servus und vielen Dank für Ihren Besuch!

Angaben zum Nachweis der Höhe und zum Anlass der Bewirtungsaufwendungen (§ 4 Abs. 5 Ziff. 2 EstG)

Tag der Bewirtung: 20.11.20XX	Ort der Bewirtung: München
Gastgeber(in): H. Wolf, Never AG, Drosselstr. 12, 80331 München	
Bewirtete Person(en): Fr. Westner, Fr. Oswald, H. Cordes, Fr. Laiblin	
Anlass der Bewirtung: Projektabschluss	
Ort, Datum 24.11.20XX	Unterschrift Wolf

5 **Wie bezahlen die Gäste bei Ihnen am häufigsten? Wie eher selten oder nie? Notieren Sie.**

Lernwortschatz

die Adresse, -n ....
der Anlass, ¨-e ....
ausstellen, hat ausgestellt ....
bar bezahlen, hat bar bezahlt ....
bewirten, hat bewirtet ....
die Bewirtung, -en ....
der Bewirtungsbeleg, -e ....
„Das macht ... Euro.“ ....
die EC-Karte, -n ....
das Gericht, -e ....
gesamt ....
das Getränk, -e ....
getrennt bezahlen, hat bezahlt ....
die Kreditkarte, -n ....
die Mehrwertsteuer (MwSt.) ....
die Rechnung, -en ....
der Rechnungsbetrag, ¨-e ....
die Rechnungsnummer, -n ....
die Rechnungsstellung, -en ....
steuerlich absetzen, hat abgesetzt ....
die Steuernummer, -n ....
der Steuersatz, ¨-e ....
total ....
das Trinkgeld, -er ....
die Umsatzsteuer (USt.) ....
die Unterschrift, -en ....
zusammen bezahlen, hat zusammen bezahlt ....

7 Fleisch

1 **Ergänzen Sie.**

Schwein Rind Kalb Reh ~~Hase~~ Lamm Geflügel Wild

1 ein Tier mit langen Ohren: Hase
2 ein Tier mit rosa Haut: ……
3 Vögel, die der Mensch isst: ……
4 ein junges Tier, oft mit weißem Fell: ……
5 ein Tier, das gern in der Nähe eines Waldes lebt: ……
6 ein Tier, das Milch gibt: ……
7 Fleisch für Wiener Schnitzel: ……
8 Tiere, die der Jäger schießt: ……

2 **Bei welchen Tieren handelt es sich um Geflügel?**
Kreisen Sie ein und verbinden Sie mit dem passenden Bild.

1 das Rind — das Kalb — das Hähnchen
2 das Rind — die Ente — das Reh
3 der Hase — das Reh — die Gans
4 das Wild — das Schwein — das Hühnchen
5 das Kalb — das Lamm — die Pute

3 **Welches Tier hören Sie? Notieren Sie.**

1 Schwein 2 …… 3 …… 4 …… 5 ……

4 **Beschriften Sie die Bilder.**

die Entenbrust | das Filet | das Hackfleisch | die Keule | ~~das Kotelett~~ | das Steak

1 das Kotelett

2 ……

3 ……

4 ……

5 ……

6 ……

5 Finden Sie die Wörter und ergänzen Sie in der passenden Form.

ZBKRJHLAGERNKJEHTIEFFRIERENLKWEFPÖKELNÜHÖRTXRÄUCHERNCFZS

1 Viele Lebensmittel sollte man bei niedrigen Temperaturen aufbewahren, damit sie lange frisch bleiben. Gemüse lagert man idealerweise bei 6 °C bis 8 °C, Fleisch bei 2 °C bis 4 °C.
2 ______ bedeutet, dass man Lebensmittel sehr kalt lagert, idealerweise bei –18 °C.
3 Zum ______ benutzt man Salz und weitere chemische Stoffe. Das Fleisch bekommt dadurch ein ganz spezielles Aroma.
4 Auch mit dem Rauch eines Feuers kann man Fleisch haltbar machen. Man nennt diesen Vorgang ______.

6 Lösen Sie das Rätsel und finden Sie das Lösungswort.

1 Manche mögen es innen blutig: Steak
2 Broiler ist ein anderes Wort für ☐☐☐☐☐☐☐☐
3 Fleisch, das sehr kalt gelagert wird, ist ☐☐☐☐☐☐☐☐☐☐☐☐.
4 Rehe, Hasen = ☐☐☐☐
5 ein besonders zartes Stück Fleisch ohne Knochen = ☐☐☐☐☐
6 ☐☐☐☐☐☐☐☐☐☐☐ ist sehr klein zerteiltes Fleisch, oft eine Mischung aus Schwein und Rind.
7 ein Teil vom Bein eines Tieres = ☐☐☐☐☐

Lösungswort: Ein beliebtes Fleischgericht: S☐☐☐☐☐z☐☐

7 Welches Fleisch steht bei Ihnen auf der Karte? Notieren Sie.

Lernwortschatz

der Broiler, – ______
die Ente, -n ______
die Entenbrust, ⸚e (z. B. auch: die Hühnerbrust) ______
das Filet, -s ______
die Gans, ⸚e ______
das Geflügel (Sg.) ______
das Hackfleisch (Sg.) ______
das Hähnchen, – ______
der Hase, -n ______
das Hühnchen, – ______
das Kalb, ⸚er ______
die Keule, -n ______
das Kotelett, -s ______
lagern, hat gelagert ______
das Lamm, ⸚er ______
pökeln, hat gepökelt ______
die Pute, -n ______
räuchern, hat geräuchert ______
das Reh, -e ______
das Rind, -er ______
das Schnitzel, – ______
das Schwein, -e ______
das Steak, -s ______
tiefgefrieren, hat tiefgefroren ______
das Wild (Sg.) ______

8 Fisch

1 a Ergänzen Sie in der passenden Form.

die Dorade | ~~die Fischbouillon~~ | die Forelle | der Karpfen | der Matjes (hering) | der Räucherlachs | der Rollmops | der Thunfisch | das Krebstier

1 Martha arbeitet in der „Suppenküche". Heute kocht sie Fischbouillon. v
2 .... ist das fermentierte Fleisch junger Heringe. Oft wird er mit Kartoffeln und Zwiebeln serviert. ......
3 Die Bach.................... ist ein einheimischer Süßwasserfisch mit gepunkteter Haut. ......
4 Scampi, Garnelen und Hummer gehören zu den ....
5 .... ist roher Fisch, der mit Salz und Rauch haltbar gemacht wurde. ......
6 .... ist ein Fisch aus dem Mittelmeer und schmeckt gegrillt sehr gut. ......
7 .... ist in Essig und Salz eingelegtes Heringsfilet. ......
8 .... hat dunkelrotes Fleisch. ......
9 Der .... sieht aus, als hätte er einen Bart. ......

b Welches Wort bezeichnet verarbeiteten Fisch (v) und welches Wort auch unverarbeiteten Fisch (u)? Notieren Sie den Buchstaben in a.

2 Beschriften Sie die Abbildung und ergänzen Sie dann die Sätze.

Rückenflosse | Hauptgräte | Schwanzflosse | Brustflosse | ~~Schuppen~~

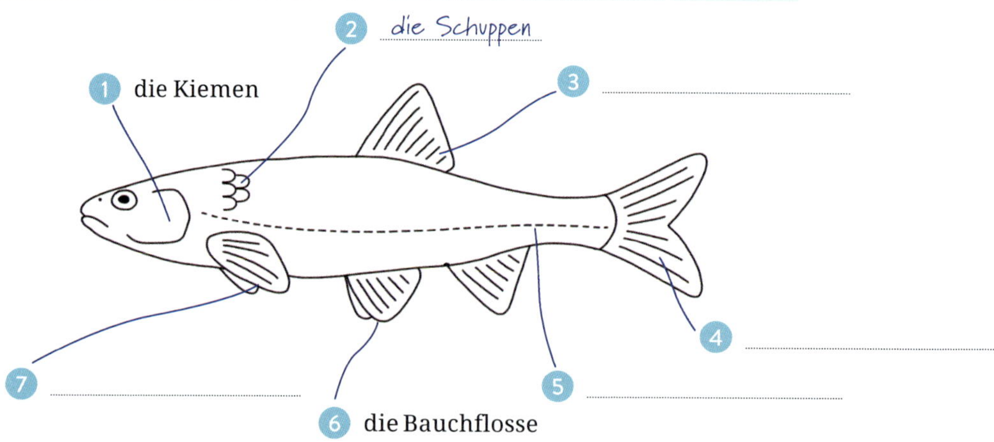

A Das „Rückgrat" des Fischs nennt man ....
B Auf der Haut eines Fisches befinden sich ....
C Fische bewegen sich mit Hilfe ihrer ....
D Fische atmen mit den ....

3 **Ergänzen Sie. Hören Sie dann und kontrollieren Sie.**

abkühlen | Bouillon | entgräten | enthäutet | ~~Fisch~~ | Hauptgräte | Kiemen | Schwanzflosse | Siedepunkt | zerteilt

Pochierter Fisch

Man wäscht den Fisch [1] innen und außen unter kaltem, fließendem Wasser ab. Dann legt man den Fisch in einen Topf und übergießt ihn mit einer .... [2]. Man deckt den Topf zu, erhitzt bis zum .... [3], verringert die Temperatur und lässt den Fisch etwa 15 Minuten ziehen. Dann nimmt man den Topf vom Feuer und lässt den Fisch weitere 15 Minuten darin .... [4]. Nun hebt man den Fisch aus dem Topf und legt ihn auf eine große Platte. Man .... [5] den Fisch mit einem kleinen, scharfen Messer, indem man die Haut auf beiden Seiten an der .... [6] einschneidet und bis zu den .... [7] hin abzieht. Um den Fisch zu .... [8], zerteilt man die obere Lage mit einem scharfen Messer in einzelne Portionen, bis zur .... [9]. Dabei sollte man darauf achten, Kopf und Schwanz unbeschädigt zu lassen. Dann hebt man die Hauptgräte ab und .... [10] die untere Lage Fisch in Portionen.

Warm servieren!

Wenn das Wasser so heiß ist, dass es zu kochen anfängt, ist es am Siedepunkt!

4 **Welcher Fisch wird am häufigsten bestellt? Wie bereitet man ihn zu? Notieren Sie.**

Lernwortschatz

abkühlen lassen, hat abkühlen lassen ....

die Bouillon, -s / die Brühe, -n ....

entgräten, hat entgrätet ....

enthäuten, hat enthäutet ....

die Flossen, -n ....

die Gräte, -n ....

die Hauptgräte, -n ....

die Kieme, -n ....

das Krebstier, -e, ...

der Lachs, -e ....

Meeresfrüchte (Pl.) ....

pochieren, hat pochiert ....

die Rückenflosse, -n ....

die Schuppe, -n ....

die Schwanzflosse, -n ....

der Seefisch, -e, z. B. der Kabeljau, -e; die Dorade, -n; der Thunfisch, -e ....

der Siedepunkt, -e ....

der Süßwasserfisch, -e, z. B. die Forelle, -n; der Karpfen, – ....

der verarbeitete Fisch, -e, z. B. der Matjes(hering, -e); der Rollmops, ⸚e; der Räucherlachs, -e ....

zerteilen, hat zerteilt ....

9 Wurst- und Käseplatte

1 Ergänzen Sie.

~~Brühwürste~~ | Kochwürste | Rohwürste

Brühwürste [1] (z. B. Lyoner) zählen zu den beliebtesten Wurstsorten. Sie bestehen aus rohem Fleisch und Speck, aber je nach Wurst kommen auch noch andere Zutaten hinzu. Diese Zutaten zusammen werden eisgekühlt zerkleinert und dann in die Wursthülle gepresst. ______ [2] (z. B. Salami) bestehen ebenfalls aus rohem Fleisch und Speck, werden vor dem Verzehr aber nicht gekocht oder gebraten. Im Unterschied dazu werden ______ [3] (z. B. Leberwurst) aus zerkleinertem, vorgekochtem Fleisch, Fett, Innereien und Gewürzen hergestellt.

2 Was gehört zusammen? Verbinden Sie.

1 der Harzer — A  — a die Kochwurst

2 der Parmesan — B  — b die Brühwurst

3 der Mozzarella — C  — c der Frischkäse

4 die Lyoner — D  — d der Hartkäse

5 die Leberwurst — E  — e der Sauermilchkäse

6 die Salami — F  — f die Rohwurst

Wurstsorten sind immer feminin und Käsesorten immer maskulin!

3 Ergänzen Sie. Hören Sie dann und kontrollieren Sie.

Aufschnitt | Brotzeit | Fettgehalt | am Stück | Weichkäse | ~~Wurst- und Käseplatten~~

Frau Nowak: Frau Bergmann, können Sie bitte für heute Abend Wurst- und Käseplatten [1] für 15 Personen vorbereiten? Die Gäste wünschen sich eine leichte ______ [2].

Frau Bergmann: Ja, klar. Haben die Gäste besondere Wünsche?

Frau Nowak: Die Gäste wollen ein leichtes Abendessen. Also achten Sie darauf, verschiedene Hartkäse und ______ [3] zu wählen, die einen geringen ______ [4] haben. Bei der Wurst würde ich etwas von dem ______ [5] nehmen, den wir heute Morgen geliefert bekommen haben. Nur die Salami ist ______ [6], die muss noch aufgeschnitten werden.

4 Finden Sie die Wörter und ergänzen Sie.

AMSTÜCKDSKJFBHLKJFHAHARTKÄSEADFLAGKJU
DGUGFACAMEMBERTJIOJLIZSTREICHWURSTVZKF
JLJZUKOCHSCHINKENKNIOKGTUJFQUARKJNLKOK
WURSTPLATTEJJNKÄSEPLATTEAMLKAUFSCHNITT
HVGOLVGSKBROTZEITJKWRR

1 Sofie isst gerne Hartkäse, wie Emmentaler oder Bergkäse.
2 Abends esse ich lieber eine ______ als ein warmes Gericht.
3 Wurst kann man entweder ______ kaufen oder als ______. Das ist praktisch, denn dann muss man sie nicht mehr schneiden.
4 „Welche Wurstsorten sind denn auf Ihrer ______?" – „Die Auswahl wechselt täglich. Heute gibt es Lyoner, Leberwurst und Streichwurst sowie Mettwurst, Teewurst und Kochschinken."
5 Im Restaurant um die Ecke gibt es ein ganz tolle Käseplatte mit verschiedenen Weichkäsen wie z. B. ______, dazu Weintrauben.
6 Heute ein Klassiker auf unserer Tageskarte: Spargel mit ______ und Petersilienkartoffeln.
7 Tisch 3 nimmt zweimal das Tiramisu und einmal die ______ als Nachspeise.
8 Ich würde gerne unsere Frühstückskarte umgestalten und mehr vegetarische Essen anbieten, z. B. ein Käsefrühstück und Früchte mit ______.
9 Die ______ war zu lange im Kühlschrank und lässt sich kaum aufs Brot streichen. Hole sie bitte nächstes Mal früher raus.

5 Welche andere Wurst- und Käsesorten kennen Sie? Was ist das Besondere an ihnen? Notieren Sie.

Lernwortschatz

der Aufschnitt (Sg.) ______
die Brotzeit, -en ______
der Fettgehalt (Sg.) ______
der Käse, – ______
der Frischkäse, z. B.: Quark, Mozzarella ______
______
der Hartkäse, z. B.: Parmesan ______
der Weichkäse, z. B.: Camembert ______
der Sauermilchkäse, z. B.: Harzer ______

die Käse-/Wurstplatte, -n ______
der (Koch)schinken, – ______
am Stück ______
die Wurst (hier Sg.) ______
die Brühwurst, z. B.: Lyoner ______
die Kochwurst, z. B.: Leber-/ Streichwurst ______
______
die Rohwurst, z. B.: Salami, Mettwurst, Teewurst ______
______

10 Obst

1 **Beschriften Sie die Fotos mit Artikel.**

Apfel | Aprikose | Birne | Erdbeere | Maracuja | ~~Pflaume~~ | Preiselbeere | Walnuss

1 die Pflaume ....
2 ....
3 ....
4 ....
5 ....
6 ....
7 ....
8 ....

2 **Ergänzen Sie das Wörternetz.**

die Ananas | der Apfel | die Aprikose | die Avocado | die Birne | die Brombeere | die Grapefruit | die Haselnuss | die Heidelbeere | die Kirsche | die Kiwi | die Mandel | die Preiselbeere | ~~die Rosine~~ | die Traube

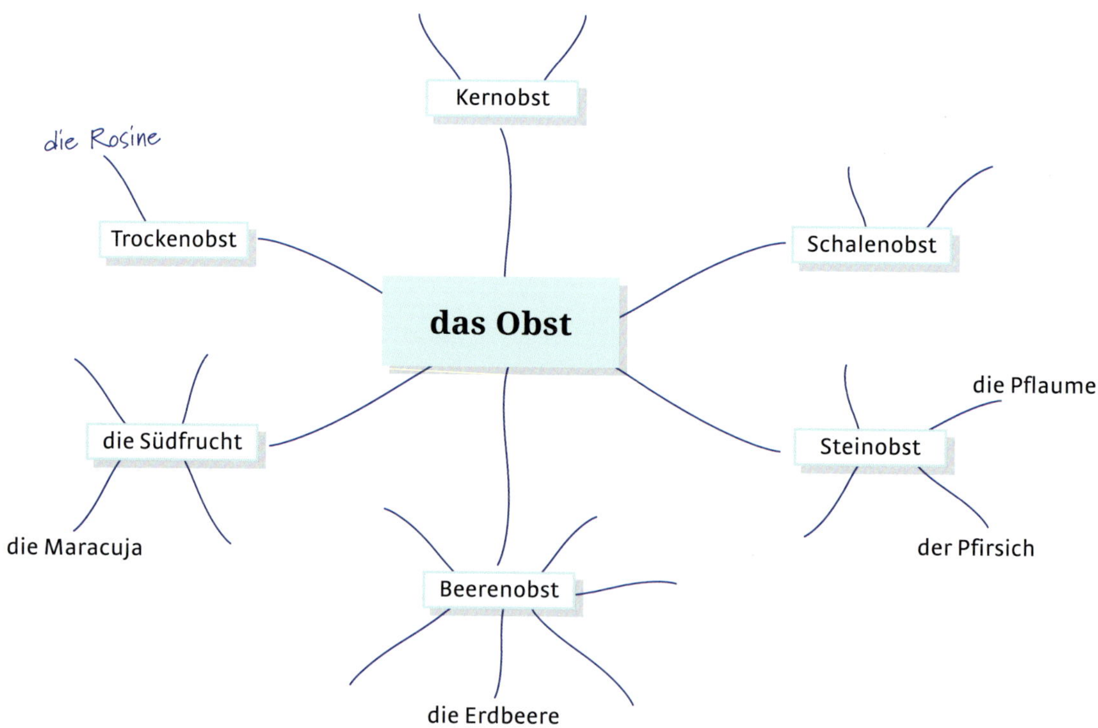

3 Hören und ergänzen Sie.

Für einen Obstsalat knackt man zuerst die Walnüsse [1] und stellt sie auf die Seite. Sie kommen nämlich erst kurz vor dem Servieren in den Salat, damit sie schön __________ [2] bleiben. Anschließend presst man den Zitronensaft aus. Dann __________ [3] man Birnen, Orangen und __________ [4] und schneidet alles klein. Erst danach bereitet man die Äpfel und __________ [5] vor, denn sie werden schnell braun. Zuletzt __________ [6] man alles und lässt es durchziehen.

4 Ergänzen Sie das Kompositum. Achten Sie auf Singular und Plural.

1  + das Mus:
das Apfelmus

4  + der Schnaps:
____

2  + das Kompott:
____

5  + die Konfitüre:
____

3  + die Creme:
__________ ⚠

6  + das Eis:
____

5 Welches Obst kommt in Ihren Obstsalat? Notieren Sie Ihr Rezept.

Lernwortschatz

auspressen, hat ausgepresst __________

das Beerenobst (Sg.), z. B. die Brombeere, -n; die Heidelbeere, -n; die Johannisbeere, -n; die Preiselbeere, -n; die Erdbeere, -n; die Traube, -n __________

das Kernobst (Sg.), z. B. der Apfel, ¨; die Birne, -n __________

das Kompott (Sg.) __________

die Marmelade, -n __________

das Mus (Sg.) __________

der Obstsalat, -e __________

schälen, hat geschält __________

das Schalenobst (Sg.), z. B. die Walnuss, ¨e; die Haselnuss, ¨e; die Mandel, -n __________

das Steinobst (Sg.), z. B. die Aprikose, -n; die Kirsche, -n; der Pfirsich, -e; die Pflaume, -n __________

die Südfrucht, ¨e, z. B. die Ananas, –; die Avocado, -s; die Banane, -n; die Kiwi, -s; die Mango, -s; die Maracuja, -s; die Orange, -n __________

das Trockenobst (Sg.), z. B. die Rosine, -n __________

vermengen, hat vermengt __________

11 Gemüse und Pilze I

1 **Bilden Sie Wörter und beschriften Sie die Fotos mit Artikel.**

cchini | gel | kkoli | lingszwiebel | nat | ppengrün | rettich | tischocke | se

1 ______ Bro______________

2 ______ Meer______________

3 ______ Zu______________

4 ______ Früh______________

5 ______ Spar______________

6 ______ Ar______________

7 ______ Su______________

8 ______ Spi______________

9 ______ Erb______________

2 **Welche vier Pilze sind hier versteckt? Beschriften Sie die Bilder.**

ZERFCHAMPIGNONTKMSTEINPILZRSTPFIFFERLINGKLAMAUSTERNPILZUIB

1 ______________

2 ______________

3 ______________

4 ______________

3 **Finden Sie sechs Wörter und notieren Sie mit Artikel.**

E	R	B	S	E	A	S	G	F	Z
E	H	O	Z	C	N	T	F	X	U
D	K	H	U	H	V	E	B	Ä	C
C	E	N	S	M	C	I	S	P	C
Ö	T	E	S	P	I	N	A	T	H
F	A	G	S	L	M	P	N	J	I
G	B	B	L	F	P	I	N	A	N
B	R	O	K	K	O	L	I	N	I
Ä	B	C	H	T	S	Z	E	P	E
S	U	P	P	E	N	G	R	Ü	N

4 Hören und ergänzen Sie.

1 Für eine klare Gemüsebrühe kochen Sie Wasser mit ………………………… und etwas Salz.
2 Sie mögen cremige Suppen? Dann probieren Sie doch einmal eine mit ………………………….
3 Wenn Sie Nudelauflauf mit Gemüse ergänzen möchten, mischen Sie doch einmal etwas ………………………… unter.
4 ………………………… passt gut zu geräuchertem Fisch. Das muss man allerdings mögen, denn er schmeckt ziemlich scharf.
5 Im Herbst haben Pilze wie der ………………………… Saison. Stehen bei Ihnen dann auch viele Pilzgerichte auf der Karte?

5 Beschriften Sie die Bilder.

halbieren | in Ringe schneiden | vierteln | würfeln

1 …………………………

2 …………………………

3 …………………………

4 …………………………

6 Wie schneidet man Gemüse und Pilze für einen Salat? Kreuzen Sie an. Manchmal gibt es mehrere Möglichkeiten.

	in Scheiben schneiden	in Ringe schneiden	würfeln	halbieren	vierteln
1 Karotten	☒	○	☒	○	○
2 Frühlingszwiebeln	○	○	○	○	○
3 Champignons	○	○	○	○	○
4 Rote Bete	○	○	○	○	○
5 Schalotten	○	○	○	○	○
6 Zucchini	○	○	○	○	○

7 Welches Gemüse kochen Sie oft, welches selten und welches nie? Notieren Sie.

Lernwortschatz

die Artischocke, -n …………………………
der Austernpilz, -e …………………………
der Brokkoli, –/-s …………………………
der Champignon, -s …………………………
die Erbse, -n …………………………
die Frühlingszwiebel, -n …………………………
halbieren, hat halbiert …………………………
in Ringe schneiden, hat geschnitten …………………………
der Meerrettich, -e …………………………
der Pfifferling, -e …………………………
der Spargel, – (manchmal auch: die Spargel, -n) …………………………
der Spinat (Sg.) …………………………
der Steinpilz, -e …………………………
das Suppengrün (Sg.) …………………………
vierteln, hat geviertelt …………………………
würfeln, hat gewürfelt …………………………
die Zucchini, – …………………………

12 Gemüse und Pilze II

1 a Ordnen Sie zu.

Blatt   Frucht   Hülse   Kohl   Wurzel   Zwiebel

1 grüner Teil von Pflanzen: ……………………
2 Schale: ……………………
3 Teil der Pflanze unter der Erde: ……………………
4 bringt einen beim Schneiden zum Weinen: ……………………
5 nennt man manchmal auch Wintergemüse: ……………………
6 entsteht aus einer Blüte: ……………………

b Sortieren Sie. Notieren Sie auch die Artikel.

Karotte

Bohne

Lauch

Chicorée

Linse

Mais

Rote Bete

Wirsing

Aubergine

Schalotte

Fenchel

Sauerkraut

1 das Blattgemüse:
……………………, ……………………
2 das Kohlgemüse:
……………………, ……………………
3 das Wurzelgemüse:
……………………, ……………………
4 das Fruchtgemüse:
……………………, ……………………
5 die Hülsenfrucht:
……………………, ……………………
6 das Zwiebelgemüse:
……………………, ……………………

Für manches Gemüse und manche Pilze gibt es mehrere Wörter:
die Karotte = die Möhre = die Gelbe Rübe
der Lauch = der Porree
die Rote Bete = die Rote Rübe
der Austernpilz = der Austernseitling

2 Verbinden Sie.

1 Trüffel
2 Kräuterseitling
3 Mu-Err-Pilz
4 Morchel

B

A

C

D

3 Notieren Sie das passende Gemüse oder den passenden Pilz.

1 kleine, längliche Zwiebel: ……………………
2 kostet viel Geld: ……………………
3 färbt Ihre Finger: ……………………
4 gibt es oft zu Bratwurst: ……………………
5 schmeckt leicht bitter: ……………………

4 Was kommt in den Gemüseeintopf von Radiokoch Stefan Niebisch? Hören Sie und notieren Sie fünf Zutaten.

5 Ergänzen Sie.

Aubergine | Bohnen | Fruchtgemüse | Hülsenfrüchten | Karotte | Linse | Mais | Rote Bete | Wurzelgemüse

1 Frische …………………… werden in Mitteleuropa von Juli bis September geerntet. Das Wort bezeichnet die Pflanze, die ganze Hülse und auch die Samen. Die gehören aber nicht zu den Gemüsen. Auch die …………………… ist kein Gemüse. Von ihr verzehrt man nur die gekochten Samen. Beide gehören, wie auch die Erbse, zu den …………………… .

2 Als …………………… bezeichnet man die (teilweise) unterirdisch wachsenden Rüben, also z. B. die ……………………, den Rettich, das Radieschen und die …………………… .

3 …………………… ist nach der biologischen Definition eigentlich Obst. Hierzu gehören die …………………… und der …………………… . Auch eines der beliebtesten Gemüse, die Tomate, gehört zu dieser Kategorie.

6 Welches Gemüse und welche Pilze gibt es bei Ihnen das ganze Jahr über und was nur in manchen Monaten? Notieren Sie.

Lernwortschatz

die Aubergine, -n ……………………
das Blattgemüse, – ……………………
die Bohne, -n ……………………
der (auch: die) Chicorée (Sg.) ……………………
der Fenchel (Sg.) ……………………
das Fruchtgemüse, – ……………………
die Hülsenfrucht, ¨-e ……………………
die Karotte, -n ……………………
das Kohlgemüse, – ……………………
der Kräuterseitling, -e ……………………
der Lauch, -e ……………………
die Linse, -n ……………………
der Mais (Sg.) ……………………
die Morchel, -n ……………………
der Mu-Err-Pilz, -e ……………………
die Rote Bete (auch: Beete), -n ……………………
das Sauerkraut (Sg.) ……………………
die Schalotte, -n ……………………
der Trüffel, -n / – ……………………
verzehren, hat verzehrt ……………………
der Wirsing (Sg.) ……………………
das Wurzelgemüse, – ……………………
das Zwiebelgemüse, – ……………………

13 Salat

1 Ergänzen Sie.

Eisbergsalat

Feldsalat

Radicchio

Romanasalat

1 __________ erkennt man sofort an seiner dunkelroten Farbe. Er schmeckt, genauso wie der Endiviensalat, ein bisschen bitter.
2 Relativ kleine, dunkelgrüne Blätter und der Geschmack erinnert ein wenig an Nüsse: Das ist der __________. Für ihn gibt es viele unterschiedliche regionale Bezeichnungen: Ackersalat, Rapunzel, Voge(r)lsalat ...
3 Der __________ bildet einen sehr festen Kopf, der ein wenig wie Kohl aussieht. Man verzehrt die inneren, hellgrünen Blätter.
4 Der __________ hat kräftige, grüne Blätter und bildet einen lockeren Kopf. Ursprünglich wurde er nur in den Mittelmeerländern angebaut.

2 Was gehört in einen Griechischen Salat? Hören Sie und ergänzen Sie.

Wenn man auf ein Fest eingeladen ist, wird oft erwartet, dass man etwas zu essen mitbringt. Besonders beliebt sind Nachspeisen oder Salate. Aber nicht nur __________ [1] Salate, sondern besonders Nudel- und __________ [2] oder auch Salatkreationen mit Couscous sind gerne gesehen. Ein Klassiker ist der __________ [3] Salat.
Die typischen Zutaten sind __________ [4], Paprika, Oliven, Gurken, Zwiebeln und Feta. Das __________ [5] ist relativ leicht und besteht meist aus Olivenöl und Essig, Salz und Pfeffer. Gerne können auch einige frische Kräuter hinzugefügt werden.
„Ich bringe gern eine große Schale mit __________ [6] mit. Ich schneide Karotten, Gurken, Paprika in lange Streifen, dazu mache ich einen Kräuterquark als Dip. Lecker, __________ [7] und knackig!“

3 Welche Zutaten sind in den Salaten? Ergänzen Sie.

Feldsalat | Kürbiskerne | Radicchio | ~~Rucola~~ | Sonnenblumenkerne

1 Rucola
2 __________
3 __________
4 __________
5 __________

4 Finden Sie die Wörter und ergänzen Sie.

GHRUISCAPÖQWGUROMANASALATHGOCBALCGKLZUFCROUTONSGIFZLJHFLNNÖC BÖAPUTENBRUSTSTREIFENDJKCGH

Heute im Angebot: Caesar Salad mit gegrillten ____________[1], ____________[2], Parmesan und knusprigen ____________[3]

5 Ergänzen Sie und finden Sie das Lösungswort. (Hilfe finden Sie auch in Übung 2 und 3.)

der Lollo rosso

der Endiviensalat

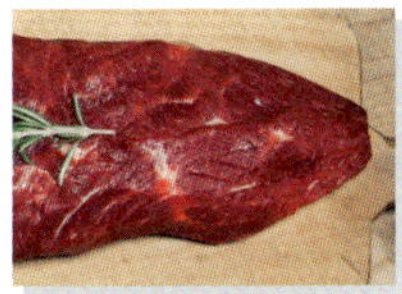
Rinderfiletspitzen

Croutons

welk

1 Die ____________ sind heute schon aus, deshalb gibt es den Salat mit Putenstreifen.
2 Der ____________ schmeckt bitter – ähnlich wie der Radicchio – und man kann ihn auch gekocht essen.
3 Den ____________ erkennt man an den stark gekrausten, am oberen Ende roten Blättern.
4 Tanja hat ein neues Rezept für ein ____________ mit Olivenöl, Zitrone und Honig.
5 „Vielleicht kannst du noch einen ____________ mitbringen, damit auch alle satt werden."
6 Wenn der Salat nicht mehr frisch ist, nennt man das ____________.
7 Bernhard mag keinen ____________ im Salat, der ist ihm zu bitter.
8 Aus altem Brot kann man ____________ für Salate oder Suppen machen.

Lösungswort: ____________

6 Aus welchen Zutaten besteht Ihr Lieblingssalat? Notieren Sie.

Lernwortschatz

Croutons (Pl.) ____________
das Dressing, -s ____________
der Eis(berg)salat (Sg.) ____________
die Endivie; der Endiviensalat (Sg.) ____________
der Feldsalat (Sg.) ____________
mischen, hat gemischt ____________
der Griechische Salat, -e ____________
der Kartoffelsalat, -e ____________
knackig ____________
der Kürbiskern, -e ____________
der Lollo rosso (Sg.) ____________
der Nudelsalat, -e ____________
der Puten(brust)streifen, – ____________
der Radicchio (Sg.) ____________
die Rinderfiletspitze, -n ____________
die Rohkost (Sg.) ____________
der Romanasalat (Sg.) ____________
der Rucola (Sg.) ____________
der Sonnenblumenkern, -e ____________
welk ____________

14 Vor dem Kochen

1 Ergänzen Sie.

marinieren

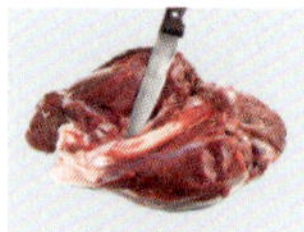
entbeinen

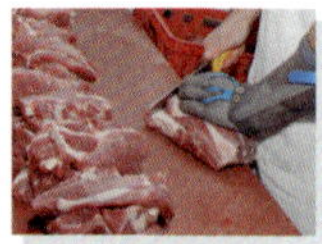
zerlegen

würzen

portionieren

enthäuten

1 in große Stücke teilen: ....
2 die Haut entfernen: ....
3 für eine Portion Essen passend machen: ....
4 die Knochen entfernen: ....
5 in Sauce einlegen: ....
6 salzen, pfeffern: ....

2 Ordnen Sie zu und notieren Sie das Verb im Infinitiv und im Perfekt.

Was ich mit frischem Fisch mache? Zunächst halte ich den Fisch am Schwanz fest und bearbeite die Haut mit dem Messerrücken. So entschuppe[1] ich ihn. Dann schneide ich den Bauch auf, damit ich den Fisch ausnehmen[2] kann. Danach filetiere[3] ich ihn und entferne damit den Kopf und alle Knochen. Dazu gehört auch das Entgräten[4]. Das ist nicht so einfach, denn die kleinen Gräten sind manchmal sehr fein und leicht zu übersehen. Zum Schluss lege ich die Fischfilets in eine Mischung aus Mehl und Ei und paniere[5] sie.

1 entschuppen, hat entschuppt
2 ....
3 ....
4 ....
5 ....

3 Ein Verb passt nicht. Streichen Sie es durch.

1 **Fleisch wird**	portioniert.	entgrätet.	mariniert.
2 **Fisch wird**	enthäutet.	entbeint.	ausgenommen.
3 **Fleisch wird**	zerlegt.	paniert.	entschuppt.

4 Sortieren Sie. Manche Verben passen mehrmals.

raspeln

hacken

schälen

putzen

zerkleinern

blanchieren

Fleisch:	Karotte:	Pfifferling:

5 Lösen Sie das Rätsel und finden Sie das Lösungswort.

1 Wenn ich Karotten sehr klein machen möchte, ... ich sie am besten.
2 Spinat gebe ich vor dem Essen kurz in heißes Wasser, dann ist er ...
3 „An der Roten Bete ist ja noch die Schale dran. Warum hast du die noch nicht ...?“
4 Champignons wasche ich nicht, ich ... sie.
5 Zwiebeln mache ich klein, indem ich sie mit dem Messer ganz schnell ...
6 Tomaten, Karotten und der Spargel kommen nicht ganz, sondern ... in den Salat.

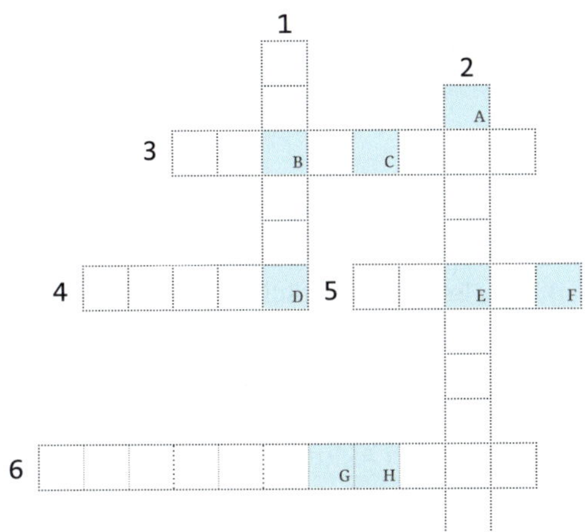

Sie können Gemüse auch in B E C D G A F H schneiden.

6 Welches Gericht kochen Sie gerne? Notieren Sie, was Sie dafür vorbereiten müssen.

Lernwortschatz

ausnehmen, hat ausgenommen ....

blanchieren, hat blanchiert ....

entbeinen, hat entbeint ....

entgräten, hat entgrätet ....

enthäuten, hat enthäutet ....

entschuppen, hat entschuppt ....

filetieren, hat filetiert ....

hacken, hat gehackt ....

marinieren, hat mariniert ....

panieren, hat paniert ....

portionieren, hat portioniert ....

putzen, hat geputzt ....

raspeln, hat geraspelt ....

schälen, hat geschält ....

in Scheiben schneiden, hat geschnitten ....

würzen, hat gewürzt ....

zerkleinern, hat zerkleinert ....

zerlegen, hat zerlegt ....

15 Küchenutensilien

1 **Ergänzen Sie die fehlenden Teile.**

back | garer | induktions | kessel | kippbrat | kutter | mikrowellen | topf | umluft

1 der Koch ……………… 2 die ……………… pfanne 3 der Koch ………………
4 das ……………… gerät 5 das ……………… gerät 6 das ……………… rohr
7 der ……………… herd 8 der Schnell ……………… 9 der Küchen ………………

2 **Was brauchen Sie wozu? Ordnen Sie zu.**

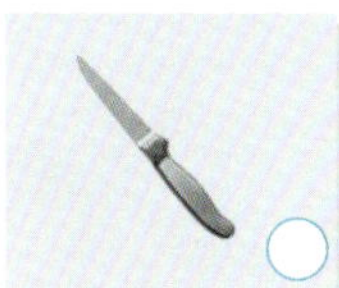
das Gemüse-messer

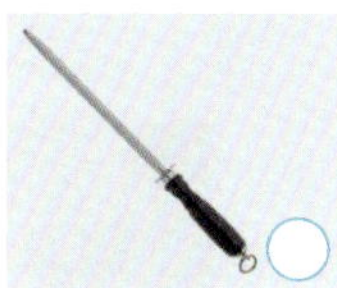
der Wetzstahl

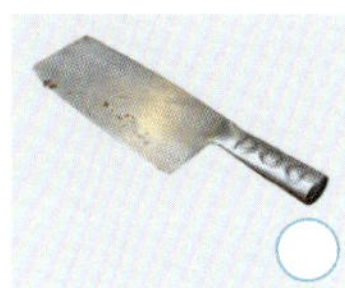
das Hackbeil

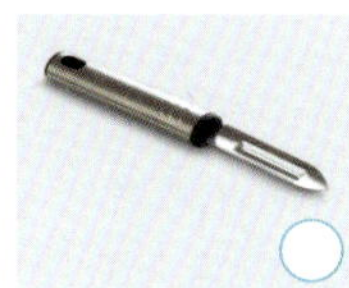
der Sparschäler

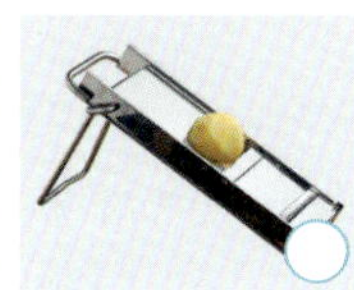
der Gemüsehobel

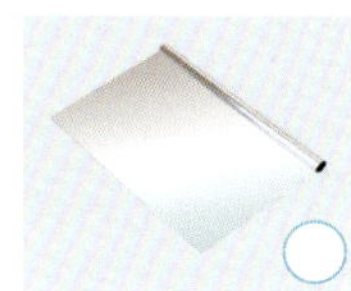
der Spachtel

1 zum Zerkleinern von Fleisch
2 zum Schneiden von Zwiebeln, Kartoffeln usw.
3 um Messer wieder scharf zu machen
4 um Essensreste nach dem Braten zu entfernen
5 um zum Beispiel Gurken zu raspeln
6 zum Entfernen der Schale an Gemüse

3 **Was benötigen Sie als nächstes? Ergänzen Sie mit Artikel im Akkusativ.**

der Schneebesen

das Sieb

die Geschirrspül-maschine

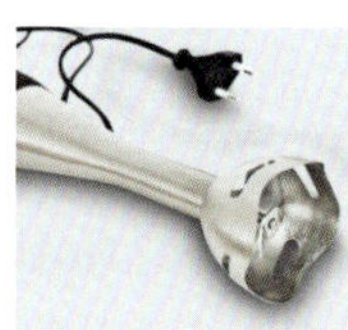
der Pürierstab

die Fritteuse

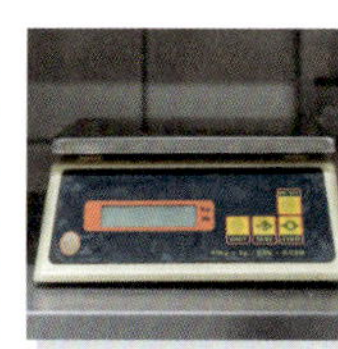
die Küchenwaage

Das benötigen Sie als nächstes:

1 Sie haben Nudeln gekocht, die nun fertig sind. ………………
2 Sie haben Tintenfischringe paniert. ………………
3 Sie wollen Rühreier zubereiten. Die Eier sind bereits in der Schüssel.
………………
4 Sie haben einen Sack Kartoffeln vor sich und sollen 11,5 kg schälen.
………………
5 Sie bereiten Karottencremesuppe zu. Das Gemüse kocht in der Brühe und ist inzwischen weich.
………………
6 Die Gäste haben fertig gegessen. Sie räumen den Tisch ab. ………………

4 Was hören Sie? Notieren Sie das passende Küchenutensil.

1 ......
2 ......
3 ......
4 ......
5 ......
6 ......

5 Lesen Sie das Rezept. Notieren Sie, welche Utensilien aus dem Lernwortschatz Sie für Schritt 1, 2 und 3 benötigen. Achten Sie auf den richtigen Kasus.

Omelett mit Salat und geräuchertem Lachs	**Ich brauche**
1. Salat waschen und evtl. zerkleinern. Tomaten waschen, halbieren. Zwiebel schälen, halbieren und fein schneiden. Karotten schälen und raspeln. Essig, Öl, Salz, Pfeffer und etwas Zucker mischen.	1. ......, ..., ..., ..., ...
2. Eier und etwas Milch mischen, mit Salz und Pfeffer würzen. Öl erhitzen. Die Eiermischung zu einem Omelett braten.	2. ......, ...
3. Omelett aus der Pfanne nehmen, mit dem Salat und dem Lachs anrichten.	3. ......

6 Was ist für Sie ein typisch deutsches Gericht? Notieren Sie die Geräte, die Sie für die Zubereitung benötigen.

Lernwortschatz

das Backrohr, -e ......
die Fritteuse, -n ......
der Gemüsehobel, – ......
das Gemüsemesser, – ......
die Geschirrspülmaschine, -n ......
das Hackbeil, -e ......
der Induktionsherd, -e ......
die Kippbratpfanne, -n ......
der Kochkessel, – ......
der Kochtopf, ¨-e ......
der Küchenkutter, – ......
die Küchenwaage, -n ......
die Mikrowelle, -n ......
das Mikrowellengerät, -e ......
der Pürierstab, ¨-e ......
der Schneebesen, – ......
der Schnellgarer, – ......
das Sieb, -e ......
der Spachtel, – (besonders in Österreich auch: die Spachtel, -n) ......
der Sparschäler, – ......
das Umluftgerät, -e ......
das Utensil, -ien ......
der Wetzstahl, ¨-e ......

16 Essen zubereiten

1 Ergänzen Sie in der passenden Form.

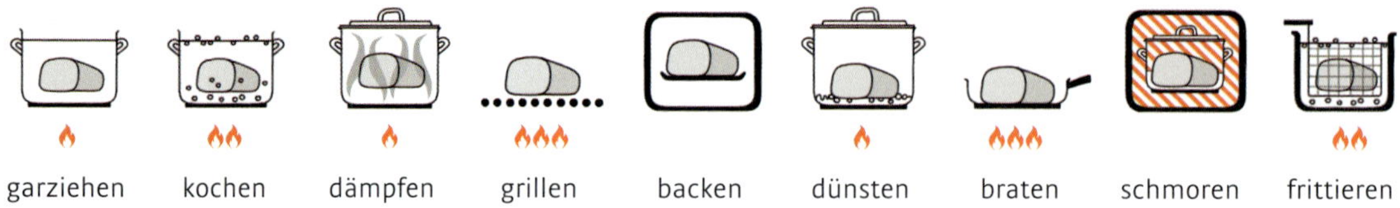

1 Pommes ________ man in heißem Fett. So werden sie schön knusprig.
2 Nudeln ________ man bei 100 Grad in gesalzenem Wasser.
3 Passen Sie auf, dass das Wasser für Königsberger Klopse nicht kocht. ________ genügt.
4 Dampfnudeln zuzubereiten ist gar nicht so leicht. Sie kommen nicht in heißes Wasser, sondern werden ________.
5 Spiegeleier ________ ich in einer Pfanne und gebe dann ein paar Gewürze darüber.
6 Ein Schweinenackensteak bekommt ein besonders gutes Aroma, wenn Sie es ________.
7 Als Dessert steht bei uns meistens Kuchen auf der Karte. Wir ________ jeden Tag ungefähr fünf verschiedene.
8 Gulasch braten Sie am besten kurz an und lassen es dann in Flüssigkeit lange im Ofen ________.
9 Spinat ________ man am besten kurz mit wenig Flüssigkeit. So behält er viele Mineralstoffe.

2 Ein Verb passt nicht. Streichen Sie es durch.

1 **Kartoffeln**:	gratinieren	rösten	dosieren
2 **Suppe**:	garnieren	rösten	pürieren
3 **Salz**:	dosieren	schwenken	drüberstreuen
4 **Fleisch**:	garnieren	drüberstreuen	grillen
5 **Pfanne**:	erhitzen	schwenken	gratinieren

3 Welche Vorsilbe passt? Kreuzen Sie an.

1	○ ein-	○ ab-	○ vor-	schmecken
2	○ ein-	○ unter-	○ an-	kochen
3	○ unter-	○ an-	○ auf-	kochen
4	○ ab-	○ vor-	○ ein-	schrecken
5	○ ab-	○ an-	○ aus-	braten
6	○ ab-	○ über-	○ unter-	rühren
7	○ vor-	○ über-	○ an-	richten
8	○ unter-	○ über-	○ an-	backen
9	○ aus-	○ an-	○ vor-	schwitzen
10	○ ab-	○ auf-	○ ein-	löschen

4 Hören und ergänzen Sie.

Nudeln mit Putengeschnetzeltem

1 Das Fleisch fein in Stücke .... und mit dem Mehl mischen. Den Lauch in Ringe schneiden. Die Champignons vierteln.
2 Das Bratöl ...., das Putenfleisch darin ca. 5 Minuten anbraten.
3 Lauch und Champignons dazugeben, ... und alles ca. 5 Minuten dünsten.
4 Mit der Sahne .... und etwas einkochen lassen.
5 Das Geschnetzelte mit Salz und Pfeffer ....
6 Währenddessen Nudeln ....
7 Die Nudeln und das Geschnetzelte auf Tellern ....
8 Mit etwas Salat ....

5 Verbinden Sie.

1  A durch

2  B blutig

3  C medium

6 Was ist für Sie ein typisch österreichisches Gericht? Notieren Sie die wesentlichen Schritte der Zubereitung.

Lernwortschatz

ablöschen, hat abgelöscht ....
abschmecken, hat abgeschmeckt ....
abschrecken, hat abgeschreckt ....
anbraten, hat angebraten ....
anrichten, hat angerichtet ....
anschwitzen, hat angeschwitzt ....
aufkochen, hat aufgekocht ....
backen, hat gebacken ....
blutig ....
braten, hat gebraten ....
dämpfen, hat gedämpft ....
dosieren, hat dosiert ....
drüberstreuen, hat drübergestreut ....
....
dünsten, hat gedünstet ....

einkochen, hat eingekocht ....
erhitzen, hat erhitzt ....
frittieren, hat frittiert ....
garnieren, hat garniert ....
garziehen, hat gargezogen ....
gratinieren, hat gratiniert ....
grillen, hat gegrillt ....
kochen, hat gekocht ....
medium ....
pürieren, hat püriert ....
rösten, hat geröstet ....
schmoren, hat geschmort ....
schwenken, hat geschwenkt ....
überbacken, hat überbacken ....
unterrühren, hat untergerührt ....

17 Nach Rezept kochen

1 Beschriften Sie die Fotos.

abwiegen | die Mengenangabe | der Messbecher | die Messerspitze | die Prise | das Rezept | die Zutaten

1 ______

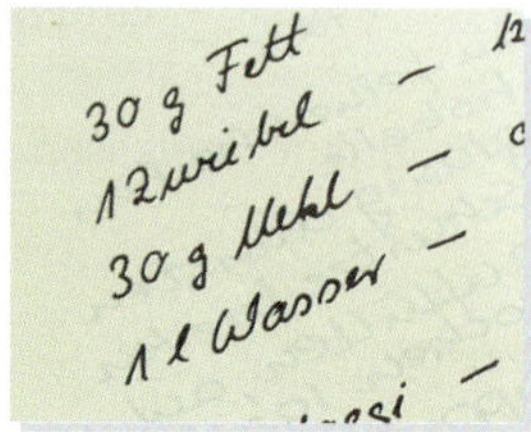

2 ______

3 ______

4 ______

5 ______

6 ______

7 ______

2 Verbinden Sie.

kg | EL | ml | g | TL | l

Esslöffel | Gramm | Teelöffel | Liter | Kilogramm | Milliliter

3 Tragen Sie die passenden Abkürzungen aus 2 ein. Achten Sie dabei auch auf die Groß- und Kleinschreibung.

Tiramisù (Zutaten für 50 Personen)

1,8 ______ Zucker
75 Eigelb, frisch
5,5 ______ Mascarpone
25 ______ Amaretto
1,9 ______ Espresso
3 ______ Löffelbiskuit
40 ______ Kakaopulver

4 Lesen Sie das Rezept und ergänzen Sie dann die unterstrichenen Wörter.

Zwiebelsuppe (Rezept für 20 Portionen)
Man nehme 5 kg Zwiebeln und schneide sie in Ringe. Ca. 20 EL Öl in einem großen Topf erhitzen und die Zwiebeln darin glasig anbraten. Die Zwiebeln mit dem Mehl bestäuben, mit Zucker, Salz und Pfeffer würzen und gut mischen. Mit dem Wein ablöschen und dann mit der Brühe aufgießen. 15 Minuten kochen lassen. Währenddessen die Butter in einer Pfanne erhitzen und die Brotscheiben darin anbraten. Die Zwiebelsuppe in feuerfeste Suppenteller füllen, das Brot auf die Zwiebelsuppe legen, Käse und jeweils eine Messerspitze Paprika drüberstreuen. Die Suppe im vorgeheizten Backofen überbacken und anschließend servieren.

1 Flüssigkeit dazugeben: aufgießen
2 ungefähr: ...
3 fast durchsichtig: ...
4 für den Ofen geeignet: ...
5 ein wenig Mehl drüberstreuen: ...
6 Sie brauchen: ...
7 flüssige Basis einer Suppe: ...
8 den Ofen auf die notwendige Temperatur bringen: ...
9 Menge für eine Person: ...

5 Hören Sie und kreuzen Sie an.

1 Herr Neugebauer schmeckt das Dessert oft mit ○ einer Portion ○ einer Prise Salz ab.
2 Frau Simoniak hat nicht daran gedacht, den Ofen ○ vorzuheizen. ○ auszuschalten.
3 Laut Rezept gehören ○ 500 g ○ 2 kg Reis in den Risotto.
4 Man garniere die Suppe mit ○ ca. ○ genau 3 Blättern Minze.

6 Was ist Ihr Lieblingsrezept? Notieren Sie alle Zutaten mit Mengenangabe.

Lernwortschatz

abwiegen, hat abgewogen ...
aufgießen, hat aufgegossen ...
bestäuben, hat bestäubt ...
die Brühe, -n ...
circa (ca.) ...
der Esslöffel (EL), – ...
feuerfest ...
glasig ...
das Gramm (g), – ...
das Kilogramm (kg), – ...
der Liter (l), – ...
die Mengenangabe, -n ...
der Messbecher, – ...
die Messerspitze, -n ...
der Milliliter (ml), – ...
nehmen, hat genommen: man nehme ...
die Portion, -en ...
die Prise, -n ...
das Rezept, -e ...
der Teelöffel (TL), – ...
vorheizen, hat vorgeheizt ...
die Zutat, -en ...

18 Mit Kräutern kochen

1 Verbinden und ergänzen Sie.

das Basilikum

der Dill

die Minze

der Schnittlauch

der Thymian

die Heilkräuter

1 „Tomaten esse ich am liebsten
2 .... ist sehr beliebt sowohl für Cocktails
3 .... sorgt in vielen Speisen
4 „.................... helfen mir wenn ich krank bin,
5 .... passt gut
6 .... ist

A für ein mediterranes Aroma.
B mit Mozzarella und ...."
C zu Fisch.
D denn sie sind sehr gesund."
E ein Zwiebelgewächs.
F als auch im Tee.

2 Ergänzen Sie.

1 Basi....................

2 Peter....................

3 Schni....................

4 Kr....................

5 Di....................

6 Bär....................

7 Hei....................

3 Ergänzen Sie in der passenden Form.

schneiden

pflücken

hacken

sammeln

trocknen

1 Kräuter werden sehr oft .... Dadurch werden sie haltbar.
2 Paula, nimmst du bitte die Schere mit in den Garten und .... noch Kräuter für das Salatdressing ab?
3 Du musst das Basilikum vorsichtig .... Wir brauchen es zur Dekoration.
4 Ich mache heute eine Kräuterbutter. Könnt ihr noch Bärlauch .... ?
5 Tanja bereitet einen Kräuterquark zu, deshalb .... sie die Petersilie und den Dill.

4 Schreiben Sie die Wörter richtig.

Frische Kräuter – das A und O beim Kochen!

Dass Gerichte, die mit frischen ....[1] [ernäutKr] gekocht werden, ganz besonders gut schmecken, darüber sind sich eigentlich alle einig. Aber wie werden die verschiedenen ....[2] [enKüchteräuKr] richtig verarbeitet? Wem die Pflege eines ....[3] [tesbeeteräuKr] zu viel Arbeit ist, kann natürlich auf ....[4] [enungmischteräuKr] wie *Kräuter der Provence* oder *Fines Herbes* zurückgreifen. Aber ich zeige Ihnen ein paar Tricks, mit denen zum Beispiel der ....[5] [beiSal] oder die ....[6] [zeMin] in Ihrem Tee zu einem wahren Genuss werden, die Kartoffeln sich mit ....[7] [ianymTh] und ....[8] [marRosin] in eine Delikatesse verwandeln und das Pesto mit ....[9] (chlauBär) wie aus der Gourmetküche schmeckt.

5 Welche Kräuter werden bei Ihnen in der Arbeit regelmäßig zum Kochen verwendet? Wie verwenden Sie sie? Notieren Sie.

Lernwortschatz

der Bärlauch (Sg.) ....
das Basilikum (Sg.) ....
der Dill (Sg.) ....
hacken, hat gehackt ....
das Heilkraut, ¨-er ....
das Kräuterbeet, -e ....
die Kräutermischung, -en (z. B. Kräuter der Provence) ....
das Küchenkraut, ¨-er ....
die Minze (Sg.) ....
die Petersilie (Sg.) ....
pflücken, hat gepflückt ....
der Rosmarin (Sg.) ....
der Salbei (Sg.) ....
sammeln, hat gesammelt ....
schneiden, hat geschnitten ....
der Schnittlauch (Sg.) ....
der Thymian (Sg.) ....
trocknen, hat getrocknet ....

19 Gewürze

1 **Ergänzen Sie die Vokale.**

Gewürze aus Blüten: 1 der S…fr…n, 2 die N…lk…, 3 die K…p…r
Gewürze aus Früchten: 4 der P…m…nt, 5 der (C…y…nn…)pf…ff…r, 6 die V…n…ll…, 7 der Ch…l…
Gewürze aus Samen: 8 der M…sk…t, 9 der St…rn…n…s, 10 der K…rd…m…m, 11 der K…r…nd…r, 12 der (Kr…z)k…mm…l
Gewürze aus Blättern: 13 das L…rb…rbl…tt
Gewürze aus Rinde: 14 der Z…mt
Gewürze aus Wurzeln: 15 die K…rk…m…, 16 der Ingw…r

2 **Finden Sie die Wörter und ergänzen Sie.**

CURRYBJERMÖRSERGFTDMABSCHMECKENPKÖT
VZERSTOSSENSJKFERZMAHLENBVJFBGROBKÖRNIG

1 Gewürze zu einem Pulver machen: …
2 Gewürze grob zerkleinern: …
3 damit macht man Gewürze klein: …
4 indische Gewürzmischung: …
5 das Gegenteil von fein: …
6 vor dem Servieren bei Bedarf nachwürzen: …

3 **Ergänzen Sie in der passenden Form.**

bitter

scharf

pikant

salzig

sauer

süß

mild

1 Ein bisschen Zitronensaft passt gut in viele Gerichte. Aber Vorsicht: Nehmen Sie nicht zu viel davon. Sonst schmeckt am Ende alles viel zu ….
2 Manche Gäste mögen das Essen so richtig … mit viel Chili, Pfeffer oder mexikanischer Salsa. Andere mögen es ein bisschen weniger gewürzt, ihnen genügt es ….
3 Wenn Sie keinen … Kaffee mögen, geben Sie Milch und Zucker dazu.
4 Sie mögen besonders gern sehr … Schokolade? Dann kaufen Sie am besten keine zu dunkle Schokolade.
5 Wenn Sie Pommes machen, denken Sie daran: Sie müssen schön … sein. Dazu würzen Sie die Pommes, solange sie noch heiß sind.
6 Essen für kleine Kinder enthält meist sehr wenig Salz, Pfeffer oder andere Gewürze. Für uns Erwachsene schmeckt dieses … Essen oft etwas langweilig, für die Kleinen ist es genau richtig.

4 **Lesen Sie folgenden Text. Die blauen Wörter stehen an der falschen Stelle im Text. Tauschen Sie sie. Achten Sie dabei auf die passende Form.**

Kurkuma [1] ist eine Mischung aus mehreren Gewürzen. Ein festes Rezept gibt es nicht, nur einige typische Zutaten: Dazu gehören Mörser [2], Kreuzkümmel und Pfeffer. Curry [3] gibt dem Curry meistens seine gelbe Farbe. Die anderen Koriander [4] unterscheiden sich von Rezept zu Rezept. Wenn Sie Ihr Essen mild [5] mögen, geben Sie viel Cayennepfeffer hinzu. Wenn Sie es eher scharf [6] mögen, nehmen Sie nicht so viel Pfeffer oder andere stark schmeckende Gewürze. Curry kann man selbst mischen. Dazu zerstößt man die einzelnen Gewürze im Gewürze [7]. Sie können die Gewürze auch im Supermarkt als Pulver kaufen, dann sind sie schon abgeschmeckt [8]. Am Ende kommt es darauf an, wie man das Gericht mahlt [9].

5 **Mit welchen fünf Gewürzen kochen Sie am häufigsten? Und für welche Gerichte brauchen Sie diese Gewürze? Machen Sie Notizen.**

Lernwortschatz

abschmecken, hat abgeschmeckt
bitter
der Chili, -s
der (auch: das) Curry, -s
das Gewürz, -e
grobkörnig
der Ingwer, –
die Kaper, -n
der (auch: das) Kardamom, -e(n)
der Koriander, –
der (Kreuz)kümmel, –
die Kurkuma, Kurkumen (auch: die Curcuma, Curcumen)
das Lorbeerblatt, ¨-er
mahlen, hat gemahlen
mild
der Mörser, –
der Muskat, -e
die Nelke, -n
der (Cayenne)pfeffer, –
pikant
der (auch: das) Piment, -e
der Safran, -e
salzig
sauer
scharf
der Sternanis, -e
süß
die Vanille (Sg.)
zerstoßen, hat zerstoßen
der Zimt, -e

20 Inhaltsstoffe

1 Ergänzen Sie.

die Ballaststoffe

das Eiweiß

die Fette

die Inhaltsstoffe

die Kohlenhydrate

die Vitamine

1 Damit man leichter auf eine gesunde Ernährung achten kann, werden die .... auf den Verpackungen angegeben.
2 Äpfel, Orangen und Kiwis enthalten viele ....
3 .... kommen vor allem in pflanzlichen Lebensmitteln vor, z. B. in Getreide, Obst und Gemüse.
4 Fisch und Fleisch enthalten viel ....
5 .... haben sehr viele Kalorien. Deshalb sollte man sie sparsam verwenden.
6 .... sind der größte Bestandteil unserer Nahrung. Sie liefern viel Energie.

2 Suchen Sie sieben Wörter und tragen Sie diese der Reihe nach in das Gitter ein. Finden Sie das Lösungswort.

DYKREMINERALSTOFFEDMIEFARBSTOFFEJQGJSGOKEMULGATORENURHUJ
FPROTEINEWNKZUSATZSTOFFEMVITAMINEORKEIWEIßKCNDFBRENNWERTH
BVBALLASTSTOFFENNRESKENZYMRHMYIGNÄHRWERTTABELLEPUAN

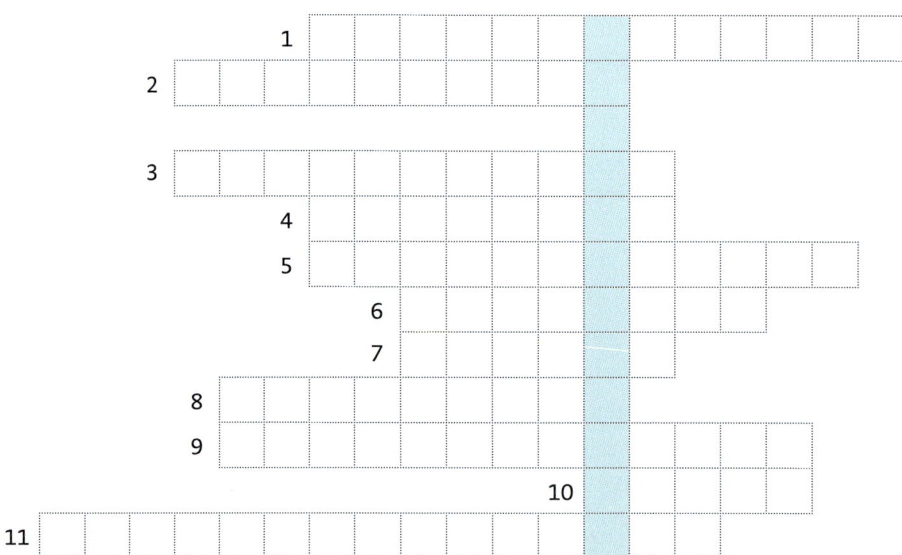

Lösungswort:

3 **Welche Produktinformationen stehen in den Nährwerttabellen? Ergänzen Sie.**

Linguine 

Nä......w.....rt......	pro 100 g
Brennwert	353 kcal / 1 497 kJ
Fett davon ge..............e Fe......säu........	1,1 g 0,2 g
Ko..............hy...........te davon Zucker	72 g 2,6 g
Ballasts..................	3,5 g
Eiweiß	12 g
Salz	0,01 g

Cremiger Quark 

Nährwerte	pro 100 g
....	227 kJ / 53 kcal
Fett davon gesättigte Fettsäuren	0,2 g 0,1 g
Kohlenhydrate davon Zucker	3,5 g 3,5 g
Ei.................	8,8 g
Salz	0,10 g
Calci..........	126 mg

4 **Ergänzen Sie in der passenden Form.**

Ballaststoff | Energie | Kalorien | Konservierungsstoff | Zusatzstoff

1 Ich esse keine Chips, die enthalten zu viele ungesunde ....
2 Gemüse enthält viele wertvolle ....
3 Mit .... kann man Lebensmittel länger haltbar machen.
4 Ich habe Übergewicht, ich sollte weniger .... zu mir nehmen.
5 Ich habe heute noch nichts gegessen, deshalb habe ich so wenig ....

5 **Welche Inhaltsstoffe hat Ihr Lieblingsessen/-produkt? Recherchieren und notieren Sie.**

Lernwortschatz

das Aroma, -en ....
der Ballaststoff, -e ....
der Brennwert, -e ....
das Calcium (Sg.) ....
das Eiweiß, -e ....
der Emulgator, -en ....
die Energie (hier Sg.) ....
das Enzym, -e ....
der Farbstoff, -e ....
das Fett, -e ....
der Inhaltsstoff, -e ....
die Kalorie, -n ....
das Kohlenhydrat, -e ....
der Konservierungsstoff, -e ....
das Lebensmittel, – ....
der Mineralstoff, -e ....
der Nährstoff, -e ....
der Nährwert, -e ....
die Nährwerttabelle, -n ....
das Protein, -e ....
das Vitamin, -e ....
der Zusatzstoff, -e ....

21 Speisekarte

1 Ergänzen Sie.

Desserts | Hauptspeisen | Nachspeisen | Sättigungsbeilagen | Vorspeisen

....	....
Antipasti Dips Pfannkuchensuppe Salat	Burger Hühnchencurry Käsespätzle Pizza Schweinebraten

.... /	....
Apfelstrudel Eiscreme Pudding Tiramisu	Bratkartoffeln Gemüse Reis Salzkartoffeln

2 Welche Karten sind das? Beschriften Sie.

Frühstückskarte | Mittagskarte | Saisonkarte | Wochenkarte

Klein aber fein:
1 Croissant und 1 Tasse Kaffee
French Toast
Bio-Omelette mit Kräutern

1 ....

Menü von 12 Uhr bis 14 Uhr
Spaghetti Bolognese und ein gemischter Salat
Pizza Funghi und ein gemischter Salat
Risotto mit Spargel und Beilagensalat

2 ....

5.–11.2.20XX:
Der Chef empfiehlt
Muscheln mit frischem Baguette
Pasta mit hausgemachtem Pesto

3 ....

Aktuell auf unserer Karte
Kürbisgratin mit Feldsalat
Hirschgulasch mit Semmelknödel und
Preiselbeeren Birnentarte mit Vanilleeis

4 ....

3 Ergänzen Sie.

à la carte | Tagesgerichte | Wirtshaus

1 Mittags gibt es bei uns immer ein Buffet und abends bestellen die Gäste ....
2 In unserem Restaurant gibt es wechselnde ...., im .... gegenüber finden Sie Brotzeitplatten und Snacks.

4 Hören Sie zuerst und ergänzen Sie dann.

1 Die Gäste möchten nicht das Menü von der .... bestellen, sondern .... wählen. Als .... empfiehlt der Kellner die Kartoffelcremesuppe.

2 Im .... „La Fenice“ gibt es neben verschiedenen .... jetzt auch eine ....

5 Welche Gerichte passen? Sortieren Sie.

Fischstäbchen-Burger | Hirschgulasch | Kaiserschmarren | Kürbiscremesuppe | Melonensalat mit Mozzarella | Mousse au chocolat | Piratenpizza | Pommes frites | Rindercarpaccio | Schweinefilet an Pilz-Rahm-Sauce | Semmelknödel | Spaghetti mit Tomatensauce | Spätzle | Tiramisu mit Himbeeren | Wiener Schnitzel

Restaurant Turmstuben	Hauptspeisen	Für unsere kleinen Gäste
Vorspeisen	Beilagen	Desserts

6 Welche der Vor-, Haupt- und Nachspeisen gibt es bei Ihnen im Restaurant? Durch welche Speisen würden Sie diese gerne ergänzen? Notieren Sie.

Lernwortschatz

à la carte ....

die Abendkarte, -n ....

die Beilage, -n ....

die Brotzeitkarte, -n ....

das Dessert, -s ....

der erste Gang, ¨-e ....

die Frühstückskarte, -n ....

für unsere kleinen Gäste ....

das Gericht, -e / die Speise, -n ....

die Getränkekarte, -n ....

das Hauptgericht, -e / die Hauptspeise, -n ....

das Mittagsmenü, -s ....

die Nachspeise, -n ....

die Saisonkarte, -n ....

die Sättigungsbeilage, -n ....

das Tagesgericht, -e ....

die Vorspeise, -n ....

das Wirtshaus, ¨-er ....

die Wochenkarte, -n ....

22 Getränke

1 Ergänzen Sie in der passenden Form.

das Mineral-
wasser

die Limo-
(nade)

der Frucht-
saft

der Rot-/
Weißwein

das Weißbier

die Schorle

das Radler

der Sekt

1 Die Gäste an Tisch 6 feiern einen Geburtstag. Sie hätten gerne fünf Gläser .... zum Anstoßen.
2 Eine .... enthält sehr viel Zucker.
3 „Ich hätte gerne einen .... Was haben Sie denn zur Auswahl?" – „Wir haben Apfel-, Orangen-, Johannisbeer- und Mangosaft."
4 Nächste Woche müssen wir die Weinbestellung machen. Die nächste Zeit soll das Wetter weiterhin sehr warm bleiben, ich würde deshalb mehr .... als Rotwein bestellen.
5 Die Apfel........................ wird aus Mineralwasser und Apfelsaft gemischt.
6 Das .... „Classic" enthält viel Kohlensäure.
7 .... ist eine Mischung aus Limo und Bier.
8 .... wird traditionell in hohen, schlanken Gläsern ausgeschenkt.

> „Ich hätte gern ein Mineralwasser."
> → So finden Sie heraus, was der Kunde genau meint:
> „Mit oder ohne (Kohlensäure)?"
> „Still? (Oder mit Sprudel?)"
> „Naturell, medium oder classic / klassisch?"

2 a Was wollen die Gäste bestellen? Notieren Sie.

Limo, 3 Bier. ....

b Hören Sie und notieren Sie die Bestellungen.

1 ....
2 ....
3 ....
4 ....
5 ....
6 ....

3 Ergänzen Sie.

alkoholfrei | anstoßen | der Aperitif | der Fruchtsaft | die Kohlensäure | der Prosecco | der Sekt

1 Dieses Getränk wird zur Begrüßung vor dem Essen getrunken: ....
2 Wenn es etwas zu feiern gibt, stoßen viele Gäste mit Sekt oder .... an.
3 Wenn Mineralwasser sehr sprudelig ist, hat es viel ....
4 Dieses Bier enthält nur 0,5 % Alkohol. Man sagt, es ist ....
5 .... wird oft zu feierlichen Anlässen getrunken, wenn ein Gast z. B. auf seinen Geburtstag oder auf eine bestandene Prüfung .... möchte.
6 Wenn man einen .... mit Mineralwasser mischt, bezeichnet man dieses Getränk als Saftschorle.

4 So kann Wein sein – Beschriften Sie die Bilder.

fruchtig | halbtrocken | kräftig | leicht | trocken

1 ....

2 ....

3 ....

4 ....

5 ....

5 Von welchen Getränken müssen Sie im Sommer bzw. im Winter besonders viel auf Lager haben? Machen Sie eine Liste mit fünf Getränken pro Jahreszeit.

Lernwortschatz

alkoholfrei ....
anstoßen, hat angestoßen ....
der Aperitif, -s ....
das Bier, -e ....
fruchtig ....
der Fruchtsaft, ¨-e ....
(halb)trocken ....
die Kohlensäure (Sg.) ....
kräftig ....
leicht ....
die Limo, -s (die Limonade, -n) ....
das Mineralwasser, ¨- ....
der Prosecco, -s ....
das Radler, – ....
der Rotwein, -e ....
die Schorle, – ....
der Sekt, -e ....
der Weißwein, -e ....

23 Hinter der Bar

1 a Beschriften Sie die Bilder.

an der Bar | auf der Bar | hinter der Bar | in die Bar

1 ....

2 ....

3 ....

4 ....

b Ergänzen Sie die Präpositionen und Artikel aus a.

1 Tina und Mary treffen sich nach der Arbeit, sie gehen .... Bar neben Tinas Haus.
2 Alex und Bernd trinken noch ein Bier, sie sitzen .... Bar.
3 Robert muss heute arbeiten, aber nicht als Bedienung, sondern er steht .... Bar.
4 Sandra geht kurz zum Rauchen raus, sie lässt ihr Glas .... Bar stehen.

2 Ergänzen Sie in der passenden Form.

der Cocktail

der Flaschen-öffner

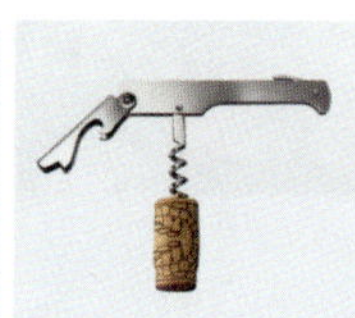

der Korkenzieher

auf Eis

das Fass (Bier)

zapfen

1 Caipirinha, Mojito und Tequila Sunrise sind sehr beliebte ....
2 Der Longdrink wird .... serviert.
3 Weinflaschen haben manchmal einen Drehverschluss, aber meistens braucht man einen ....
4 Bierflaschen öffnet man mit einem ....
5 Große Mengen an Bier werden im .... gelagert.
6 Das Bier ist vom Fass, es wird frisch .... und kommt nicht aus der Flasche.

3 Das Kneipenlexikon: Von A wie Ausschank bis Z wie Zapfhahn – Ergänzen Sie.

vom Fass | Ausschank | offener | Flaschenöffner | Cocktail | Hauswein | Eis | Wein | Schanklizenz | Bar | Korken | Zapfhahn | Longdrink

.... (der): Der ... endet um 0 Uhr.
.... (die): ein abgeschlossener Raum oder der Tresen in einer Gaststätte
.... (der): gibt es mit und ohne Alkohol
.... (das): Cocktails und Longdrinks werden meist auf ... serviert.
.... (der): Damit öffnet man Bierflaschen.

.... (der): Das ist meistens ein günstiger und guter Wein, der sowohl in Gläsern, als halber Liter oder auch als Liter serviert wird.

.... (der): Damit werden traditionell Weinflaschen verschlossen. Heute gibt es aber auch häufig Drehverschlüsse.

.... (der): Das ist ein alkoholisches Getränk, das z. B. mit Tonic Water, Cola oder etwas anderem verlängert wird (Gin Tonic, Whiskey Cola).

.... (der): Wird nicht als Flasche serviert, sondern als Glas, halber Liter oder Liter. Hausweine sind meist ...

.... (die): wird benötigt, um alkoholische Getränke ausschenken zu dürfen

....................: Getränke, die nicht aus der Flasche kommen, sondern gezapft werden

.... (der): ein Werkzeug, mit dem das Bier vom Fass ins Glas kommt

4 **Ergänzen Sie in der passenden Form.**

der Ausschank | die Bar | der Flaschenöffner | der Hauswein | der Kronkorken | der Longdrink | offen | die Schanklizenz | der Zapfhahn | zapfen

1 „Ich kann Ihnen entweder eine Flasche Chardonnay anbieten oder auch einen .... Wein, zum Beispiel einen halben Liter von unserem ...."
2 Mit einem .... wird Bier frisch ....
3 „Ich habe leider keinen Tisch mehr frei, aber ich kann Ihnen zwei Plätze an der .... anbieten."
4 Die Bierflasche ist mit einem .... verschlossen, man öffnet sie mit einem ....
5 Sven ist Barkeeper. Er mischt oft die ganze Nacht lang .... und Cocktails hinter der Bar.
6 Die Kneipe hat bis 1.00 Uhr geöffnet, der .... endet aber schon früher.
7 „Wir haben neu eröffnet und noch keine ...., aber alkoholfreie Getränke darf ich Ihnen schon verkaufen."

5 **Arbeiten Sie auch hinter der Bar? Welche Getränke werden bei Ihnen hauptsächlich bestellt? Machen Sie Notizen.**

Lernwortschatz

der Ausschank (Sg.) ....
ausschenken, hat ausgeschenkt ....
die Bar, -s ....
der Cocktail, -s ....
das Eis (Sg.), auf Eis ....
der Flaschenöffner, – ....
der Hauswein, -e ....
der Korken, – ....
der Korkenzieher, – ....
der Kronkorken, – ....
der Longdrink, -s ....
der offene Wein, -e ....
das Fass, ¨-er; vom Fass ....
die Schanklizenz, -en ....
die Sperrstunde (Sg.) ....
der Zapfhahn, ¨-e ....
zapfen, hat gezapft ....

24 Kaffee- und Teespezialitäten

1 Ergänzen Sie in der passenden Form.

der Becher

die Kaffeebohne

die Kanne

der Kandiszucker

der Teebeutel

der Milchschaum

1 Eine große, hohe Tasse mit oder ohne Henkel nennt man ....
2 .... werden zunächst geröstet und dann mit einer Kaffeemühle gemahlen.
3 Geben Sie den .... in eine Tasse oder eine .... und brühen Sie ihn mit heißem Wasser auf. Dann lassen Sie das Getränk für ein paar Minuten ziehen, bis der Tee fertig ist.
4 Cappuccino ist ein Espresso mit ....
5 Elisa trinkt ihren Tee am liebsten mit Milch und ....

2 Bilden Sie Komposita und notieren Sie mit Artikel.

1	Kaffee	Stoff	....
2	Süß	Bohne	....
3	Kaffee	Getränk	....
4	Tee	Tee	....
5	Heiß	Mühle	....
6	Milch	Beutel	....
7	Früchte	Kaffee	....

3 Schreiben Sie die Wörter richtig.

Kaffee ist weltweit eines der beliebtesten .... [1] [geißHekeäntr], doch die Trinkbräuche und Zubereitungsarten unterscheiden sich stark. Auch wissen viele nicht, dass die .... [2] [boffKahneeen], bevor der Kaffee .... [3] [lenmahge] und .... [4] [brgeaufhüht] werden kann, zunächst .... [5] [tetrösge] werden. In Europa bevorzugen viele die italienischen Zubereitungsweisen wie Espresso oder Cappuccino mit .... [6] [terschäumgeauf] Milch, aber auch der .... [7] [ffeekaterFil] wird nach wie vor sehr gern getrunken. Aber egal welches der aromatischen Heißgetränke Sie am liebsten in Ihrem .... [8] [rechBe] haben, ... [9] [gendrean] wirken alle. Deshalb trinken viele Leute nur noch Kaffee ohne .... [10] [einKoff], damit sie schlafen können.

4 Tipps aus dem Service – Hören und ergänzen Sie.

1 Ich empfehle meinen Gästen abends Kaffee ohne ______________________, damit sie besser schlafen können.
2 Bitte ein Kännchen Schwarztee. Bitte nur kurz ______________________ – er verliert sonst seine ______________________ Wirkung.
3 Die Geschmäcker sind sehr verschieden. Viele unsere Gäste trinken Espresso oder Cappuccino, aber inzwischen bestellen auch wieder viele ______________________. Deshalb haben wir verschiedene Kaffeemaschinen in unserem Restaurant.
4 Viele Gäste süßen ihren Tee mit ______________________, weil er weniger Kalorien hat. Ich empfehle immer ______________________, der hat das beste ______________________.
5 Unsere ______________________ befindet sich in unserem Restaurantbereich und nicht in der Küche. Sie ist zwar etwas laut, verbreitet aber einen schönen Duft nach frischen ______________________. Das lieben unsere Gäste.

5 Wie bereitet man Tee zu? Ergänzen Sie in der passenden Form.

anregende | aufbrühen | Aroma | Teebeutel | ziehen | lassen

Geben Sie einen Teebeutel in eine Tasse und ______________ Sie ihn mit heißem Wasser ______________[1]. ______________[2] Sie den Tee zwei Minuten ______________[3] und nehmen Sie dann den ______________[4] heraus. Zieht der Tee zu lange, verliert er seine ______________[5] Wirkung und sein ______________[6].

6 Welche Kaffeespezialitäten werden bei Ihnen im Restaurant angeboten? Wie werden diese zubereitet? Machen Sie Notizen.

Lernwortschatz

anregend ______________
aufbrühen, hat aufgebrüht ______________
aufschäumen, hat aufgeschäumt ______________
das Aroma, Aromen ______________
der Becher, – ______________
der Filterkaffee (Sg.) ______________
der Früchtetee, -s ______________
das Heißgetränk, -e ______________
die Kaffeebohne, -n ______________
die Kaffeemühle, -n ______________
der Kandiszucker (Sg.) ______________
die Kanne, -n ______________
das Koffein (Sg.) ______________
mahlen, hat gemahlen ______________
der Milchschaum (Sg.) ______________
rösten, hat geröstet ______________
der Süßstoff, -e ______________
der Teebeutel, – ______________
ziehen lassen, hat ziehen lasssen ______________
die Ziehzeit, -en ______________

25 Backwaren

1 Ergänzen Sie in der passenden Form.

die Brezel

das Kastenbrot

das Brötchen

das Fladenbrot

das Baguette

das Croissant

der Laib

das Plundergebäck

das Mehrkornbrot

Und wie sagt man bei Ihnen?

das Brötchen, die Semmel, das Weggli, der Wecken, das Rundstück, die Schrippe, das Weckerl

die Brezel, die Bretzel, die Brezn, die Breze

1 .... isst man in Süddeutschland, in Bayern werden sie „Brezn" genannt und zum Beispiel zu Weißwürsten gereicht.
2 Bäckereien verkaufen Brot als ganzen .... oder manchmal auch aufgeschnitten.
3 Viele mögen .... besonders gern mit Quark und Aprikosenmarmelade.
4 Das flache .... eignet sich gut, um Sandwiches damit zu machen.
5 In manchen Regionen sagt man nicht ...., sondern Schrippe oder Weggli.
6 Die Schreibweise von .... erinnert noch daran, dass dieses Brot ursprünglich aus Frankreich kommt.
7 Brot in eckiger Form nennt man ....
8 Zu einem französischen Frühstück gehört traditionell ein ....
9 Helles Brot ist Ihnen zu langweilig oder ungesund? Probieren Sie mal ein ....

2 Ergänzen Sie.

fer | gen | kel | treide | zen

1 Rog....................

2 Din....................

3 Wei....................

4 Ha....................

5 Ge....................

3 Was passt zusammen? Verbinden Sie.

1 Das Brötchen enthält größere Stückchen vom Dinkel.
2 Das Brot ist nicht so leicht zu verdauen, aber sehr gesund.
3 Das Plundergebäck ist ganz und gar nicht trocken.
4 Das Brötchen hat eine schöne Kruste.

A Es ist saftig.
B Es ist knusprig.
C Es ist ballaststoffreich.
D Es ist körnig.

4 Frühstücksvariationen – Hören und ergänzen Sie.

1 Ich hätte gerne das Frühstück *Paris*. Bringen Sie mir zum ______ bitte eine Extraportion Marmelade.
2 Sagen Sie, könnte ich beim Frühstück *Wien* statt Kuchen auch ______ bekommen? Das ist bei Ihnen immer so schön ______.
3 Könnten Sie uns statt des ______ vielleicht einfach mehr Brötchen bringen? Am liebsten hätten wir welche aus Hafer oder ______.
4 Zum Frühstück *München* servieren wir zwei ______ Brezn, Butter und Käse.
5 Ich vertrage keine ______ produkte. Bringen Sie mir das Frühstück *Vital* deshalb am besten mit ______.

5 a Beschriften Sie die Bilder.

der Blätterteig | der Biskuit | der Hefeteig | der Mürbeteig | der Strudel

1 ______

2 ______

3 ______

4 ______

5 ______

b Aus welchem Teig sind diese Spezialitäten? Notieren Sie die Ziffer aus a.

Baklava ___

Topfenstrudel ___

Christstollen ___

Biskuitrolle ___

Apfelstrudel ___

Streusel-kuchen ___

Krapfen ___

Plätzchen ___

6 Welche Backwaren sind typisch in Ihrer Region? Notieren Sie mit Artikel.

Lernwortschatz

das Baguette, -s ______
ballaststoffreich ______
der Biskuit, -s ______
der Blätterteig, -e ______
die Brezel, -n ______
das Brötchen, – ______
das Croissant, -s ______
der Dinkel (Sg.) ______
das Fladenbrot, -e ______
das Getreide, -e ______
der Hafer (Sg.) ______
der Hefeteig, -e ______
das Kastenbrot, -e ______
körnig (auch: kernig) ______
knusprig ______
der Laib, -e ______
das Mehrkornbrot, -e ______
der Mürbeteig, -e ______
das Plundergebäck, -e ______
der Roggen (Sg.) ______
saftig ______
der Strudel, – ______
der Weizen (Sg.) ______

26 Frühstück

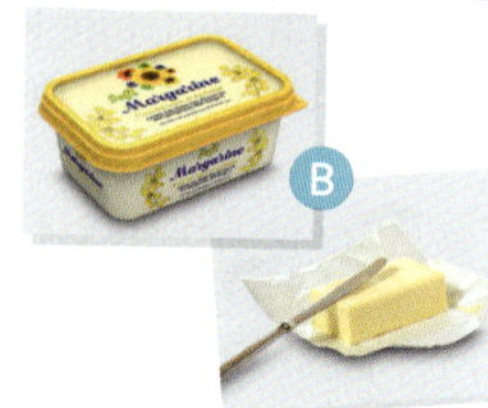

1 Ordnen Sie zu.

1 Das Spiegelei ist mir zu knusprig. ......
2 Ich hätte das Müsli lieber mit Joghurt als mit Milch. ......
3 Ich hätte gerne das vegetarische Frühstück mit den frischen Aufstrichen. ......
4 Wir verwenden keine Butter, nur Margarine, die enthält nur pflanzliche Fette. ......
5 Das „kleine Frühstück" gibt es mit Honig und Marmelade. ......
6 Ich habe heute keine Lust auf ein süßes Frühstück. Ich würde gerne brunchen mit vielen herzhaften Speisen. ......

2 a Die Frühstückskarte – Was gibt's wo? Ergänzen Sie.

Kontinentales Frühstück

Amerikanisches Frühstück

Englisches Frühstück

Frühstücksbuffet

1 ....: Croissant, Brötchen, Marmelade, Butter und Kaffee
2 ....: Pancakes mit Ahornsirup, Spiegelei und andere warme Gerichte
3 ....: Porridge (Haferbrei), Eier, Speck und Bohnen
4 ....: alles vom klassischen Frühstück bis hin zum herzhaften Mittagessen, z. B. bei einem Brunch

b Hören und ergänzen Sie.

1 Der Unterschied zum Europäischen Frühstück besteht beim .... vor allem darin, dass es auch warme Speisen gibt. Es besteht meist aus vielen Komponenten. Es gibt ...., süße und zum Teil auch sehr reichhaltige Speisen. Besonders für das .... gibt es verschiedenste Zubereitungsmöglichkeiten.
2 Besonders in Großstädten hat es sich in den letzten Jahren etabliert, sich sonntags mit Freunden zum .... zu treffen. Viele Restaurants und Cafés haben sich darauf eingestellt und bieten am Sonntagvormittag große .... an. Dort findet man meist nicht nur klassische Frühstücksgerichte, sondern es gibt auch Speisen wie Pasta, Salate oder Fisch- und Fleischgerichte. Je nach Restaurant fällt die Auswahl an Speisen ganz unterschiedlich aus.
3 Der Klassiker, vor allem in Hotels im deutschsprachigen Raum, ist das .... Es besteht meist aus einer Auswahl an Brötchen und häufig einem Croissant, unterschiedlichen ...., sowie Butter und Kaffee. Manchmal können auch noch ein kleines Müsli oder ein .... Ei hinzukommen.

4 Bohnen, ... und Würstchen und nicht zu vergessen ein kross gebratenes Spiegelei – das sind die bekanntesten Zutaten für das .... Es hat eine lange Tradition und besteht meist aus warmen und kalten Speisen. Auch ein frisch gepresster Saft gehört in der Regel dazu, denn Vitamine sollen nicht fehlen. Das Frühstück enthält außerdem oft ein .... oder auch ein Porridge sowie die klassischen Speisen wie Eier mit Speck und Bohnen. Egal in welcher Form Sie dieses Frühstück zu sich nehmen, eins ist sicher: Nach einem kompletten Englischen Frühstück ist keiner mehr hungrig.

3 Beschriften Sie die Bilder.

das weichgekochte Ei | das Omelette | das Rührei | das Spiegelei

1 .... 2 .... 3 .... 4 ....

4 Verbinden Sie.

1 Unsere Aufstriche schmecken besonders gut, wir empfehlen
2 Gibt es das Müsli
3 Sie können zwischen
4 Wir hätten gerne das Rührei
5 Wieviel kostet denn das Amerikanische Frühstück
6 Das Frühstücksbuffet im *La Fenice* ist so reichhaltig,

A Butter und Margarine wählen.
B Hummus, Avocadocreme und Lachs-Frischkäse.
C ohne Rührei?
D dass es uns bis abends sättigt.
E mit Kräutern und Speck.
F auch mit Joghurt und frischem Obst?

5 Welche Frühstücksarten werden bei Ihnen im Café oder Restaurant angeboten? Notieren Sie.

Lernwortschatz

der Aufstrich, -e ....
der Brunch, -e / -es ....
das (hart-/weich)gekochte Ei, -er ....
das Amerikanische Frühstück (Sg.) ....
das Englische Frühstück (Sg.) ....
das Kontinentale Frühstück (Sg.) ....
das Frühstücksbuffet, -s ....
der Joghurt, -s ....
herzhaft ....
der Honig, -e ....
die Konfitüre, -n / die Marmelade, -n ....
....
die Margarine, -n ....
das Müsli, -s ....
das Omelett(e), -s ....
das Rührei, -er ....
der Speck, -e ....
das Spiegelei, -er ....

27 Zusatzstoffe

1 Lesen und ergänzen Sie.

Wussten Sie, dass Essen und Trinken oft Zusatzstoffe enthält? Das sind künstliche Anteile, die in der Natur so nicht vorkommen. Jedes Restaurant, jede Bäckerei usw. informiert über die verwendeten Zusatzstoffe. Über Zusatzstoffe zu informieren, ist keine Frage der Freiwilligkeit, denn sie sind deklarationspflichtig. D.h., dass man sie zum Beispiel auf einer Speise- und Getränkekarte ausweisen muss.

1 Künstliche Anteile im Essen oder Trinken heißen ....
2 Über künstliche Anteile im Essen und Trinken informieren zu müssen bedeutet, man muss sie ....
3 Anteile im Essen und Trinken, über die man informieren muss, sind ....

2 Beschriften Sie die Bilder.

Farbstoff | gewachst | konserviert | oxidiert | Süßungsmittel

1 ....

2 ....

3 ....

4 ....

5 ....

3 Lesen Sie die Mittagskarte und beantworten Sie die Fragen.

Restaurant Turmstuben

Jedes Mittagsmenü für nur 9,90 Euro!

Tomatencremesuppe [1]

Rinderkraftbrühe mit Pfannkuchenstreifen [1]

*****

Paniertes Zanderfilet an Zitronensauce mit Brokkoli und Salzkartoffeln [2,3,4,5]

Bandnudeln mit Pfifferlingen und Speck [2,9]

Mariniertes Hähnchenfilet mit Gemüsereis [2,5,6,9]

*****

Kleiner Obstsalat [8,9]

Deklarationspflichtige Zusatzstoffe

1 – mit Geschmacksverstärker
2 – mit Konservierungsstoffen
3 – mit Phosphat
4 – mit Farbstoff
5 – mit Antioxidationsmittel
6 – geschwefelt
7 – geschwärzt
8 – gewachst
9 – mit Süßungsmittel

Die Verordnung über die Zulassung von Zusatzstoffen zu Lebensmitteln zu technologischen Zwecken (Zusatzstoff-Zulassungsverordnung – ZZulV) bietet weitere Informationen.

1 Welchen Zusatzstoff enthält die Tomatensuppe?

....

2 Welche Gerichte auf der Mittagskarte enthalten als Zusatzstoff Süßungsmittel?

....

....

3 Welche Zusatzstoffe enthalten die Hauptgerichte?

....

....

4 Was passt? Markieren Sie.

1 **Vanillepudding:** geschwärzt – geschwefelt – mit Farbstoff
2 **Oliven:** geschwärzt – gewachst – mit Süßungsmittel
3 **Salami:** mit Konservierungsstoffen – gewachst – mit Süßungsmittel

5 Schreiben Sie die Wörter richtig.

In manchen Restaurants findet man keine .... [1] [ffestosatzZu] auf der Speisekarte. Das liegt daran, dass z. B. .... [2] [ffestorungsvieserKon] oder .... [3] [ttelmißungsSü] in der Essiggurke nicht mehr .... [4] [tigpflichtionsraklade] sind, wenn sie kleingeschnitten im Salat verwendet wird. Aber wenn ein Gast nun ein gesundheitliches Problem bekommt, hat das Restaurant selbst auch ein Problem. Daher ist es vielleicht besser, alle .... [5] [satzZuffesto] anzugeben.

6 Finden Sie im Internet drei Beispiele für Speisekarten, auf denen Zusatzstoffe ausgewiesen sind.

Lernwortschatz

das Antioxidationsmittel, – ....
ausweisen, hat ausgewiesen ....
deklarationspflichtig ....
der Farbstoff, -e ....
der Geschmacksverstärker, – ....
geschwärzt ....
geschwefelt ....
konservieren, hat konserviert ....
der Konservierungsstoff, -e ....
oxidieren, hat / ist oxidiert ....
das Phosphat, -e ....
das Süßungsmittel, – ....
wachsen, hat gewachst ....
der Zusatzstoff, -e ....

28 Allergene

1 Verbinden Sie.

1 Allergene
2 leichte Kost
3 vegetarisch
4 Vollkost

A reguläres Essen
B ohne Fleisch
C Stoffe, auf die der Körper oft empfindlich reagiert
D Essen, das Magen und Darm leicht verarbeiten können

2 Welches Bild passt zu welchem Allergen? Notieren Sie die Buchstaben.

Deklarationspflichtige Allergene

A – Gluten
B – Krebstiere
C – Eier
D – Fisch
E – Erdnüsse
F – Soja
G – Milchprodukte
H – Schalenfrüchte
I – Sellerie
J – Senf
K – Sesam
L – Schwefeldioxid/Sulfite
M – Lupinen
N – Weichtiere

Nähere Informationen über Allergene finden Sie in der EU-Verordnung mit der Nummer 1169/2011.

3 Lesen Sie den Speiseplan und beantworten Sie die Fragen. Übung 2 hilft Ihnen.

Krankenhaus West

Speiseplan:
Abendessen am 27. Mai 20XX

Vollkost	Leichte Kost	Vegetarisch
Tomatencremesuppe (I, G) Griechischer Bauernsalat (C, G, J) Brot (A) Apfel	Tomatensuppe (I) Putensalami Brot (A) Apfel	Tomatencremesuppe (I, G) Allgäuer Käsesalat (G) Brot (A) Apfel

1 Welche Allergene nehmen Personen mit Vollkost zu sich?

....

2 Wer nimmt beim Abendessen Milchprodukte zu sich?

....

....

3 Welche Allergene kommen im Speiseplan gar nicht vor?

....

....

4 Hören und ergänzen Sie.

Wir servieren täglich drei Mahlzeiten, aus denen man wählen kann. Die meisten wählen ....[1], also das reguläre Essen. Für Menschen mit bestimmten Krankheiten bieten wir ....[2] an. Und für Patienten, die kein Fleisch essen, gibt es natürlich eine ....[3] Variante. Mit Eiern, Fisch, ...[4] usw. sind wir vorsichtig, da sie bei manchen Menschen Allergien auslösen. Auch Nüsse, besonders ....[5], sind für manche Menschen ein Problem. Bei Vegetariern denkt man schnell, Produkte aus ....[6] sind die Lösung, aber das stimmt nicht, denn manche Patienten sind hierauf allergisch. Es ist ziemlich kompliziert, beim Kochen immer alle ....[7] im Blick zu haben, aber unser Küchenteam ist darauf spezialisiert.

5 Finden Sie im Internet drei Beispiele für Speisepläne, bei denen über die Allergene informiert wird, und machen Sie Notizen.

Lernwortschatz

das Allergen, -e ....

die Erdnuss, ¨-e ....

das Gluten (Sg.) ....

das Krebstier, -e ....

die leichte Kost (Sg.) ....

die Lupine, -n ....

das Milchprodukt, -e ....

die Schalenfrucht, ¨-e ....

das Schwefeldioxid, -e ....

der Sellerie, –/-s; (österreichisch auch: die, –/-n) ....

der Senf, -e ....

der Sesam, -s ....

das Sulfit, -e ....

die / das Soja, Sojen ....

vegetarisch ....

die Vollkost (Sg.) ....

das Weichtier, -e ....

29 Besonderes Essverhalten und Krankheiten

1 Ordnen Sie zu.

A .... Tofu
B .... Bio-Qualität
C .... anbauen
D .... fettreduziert
E .... Sojamilch
F .... Veganer

2 Verbinden Sie.

1 sich bewusst ernähren
2 regional
3 Essen gut vertragen
4 halal
5 koscher

A keine Probleme mit dem Essen haben
B aus der Umgebung
C passend zu den islamischen Speisevorschriften
D darauf achten, was man isst
E passend zu den jüdischen Speisevorschriften

3 Was passt nicht? Streichen Sie jeweils ein Wort durch.

1 **vegan:** Sojamilch – Tofu – Spiegelei
2 **fettreduziert:** Diät-Schokolade – Schnitzel – Magerquark
3 **halal:** Limonade – Erdnuss – Bier
4 **regional:** Kartoffel – Ananas – Apfel
5 **anbauen:** Getreide – Salz – Gemüse
6 **koscher:** Schweinefleisch – Orangensaft – Bier

4 Finden Sie die Wörter und ergänzen Sie in der passenden Form.

JKTCTFETTREDUZIERTBGTSSOJAMILCHKLPFTEREGIONALKTSLBVEGANLPG
TSWBIOQUALITÄTWER

1 Cappuccino mit ....
2 Eier in ....
3 .... Obst und Gemüse
4 Spaghetti mit .... Tofu-Bolognese
5 .... Chips

5 Ergänzen Sie.

angebaut | Bewusste | Bio-Qualität | fettreduziert | halal | koscher | regionale | Sojamilch | Tofu | Veganer | vertragen

....................[1] Ernährung liegt im Trend: Immer mehr Menschen machen sich Gedanken darüber, was genau sie eigentlich täglich essen und trinken. Viele wollen zum Beispiel wissen, wo das Obst und Gemüse ....[2] wird, das sie essen – sie interessieren sich also dafür, woher es kommt. In den Supermärkten sind ....[3]

Produkte, die aus der Umgebung kommen, deshalb immer häufiger gekennzeichnet. Und Restaurants werben mit ....[4]. Die Lebensmittel wurden dann z. B. ohne chemische Mittel hergestellt. Manche Menschen verzichten ganz auf einzelne Lebensmittel: Vegetarier essen kein Fleisch, ein ....[5] verzichtet auf alle Tierprodukte. Für den Cappuccino kann man dann zum Beispiel ....[6] verwenden. Und statt Fleisch wird oft mit ....[7] gekocht.
Manche Menschen ernähren sich aber auch deshalb bewusst, weil Sie bestimmtes Essen nicht ....[8], d. h. aus gesundheitlichen Gründen. Und wer übergewichtig ist, kann darauf achten, ...[9] zu essen.
Und dann gibt es natürlich noch bewusste Ernährung aus religiösen Gründen. Im Islam bezeichnet man das als ....[10], im Judentum als ....[11].

6 a Ergänzen Sie.

Diabetes | Glutenunverträglichkeit | Laktoseintoleranz | Lebensmittelunverträglichkeit | Übergewicht

1 Wer eine .... hat, darf bestimmte Dinge nicht essen.
2 Hat man ...., leidet man häufig an Gelenkbeschwerden. Daher sollte man versuchen, das Gewicht zu reduzieren.
3 Wenn man eine .... hat, verträgt man keine Milchprodukte.
4 Bei .... benötiget man spezielle Medikamente.
5 Eine .... bedeutet, dass man Probleme mit Brot, Gebäck und Kuchen hat.

b Hören Sie und tragen Sie den passenden Buchstaben aus a ein.

 1 ......

 2 ......

 3 ......

 4 ......

 5 ......

7 Was könnten Sie einem Gast mit Glutenunverträglichkeit, einem Veganer und einer Person, die sich halal ernährt, anbieten? Notieren Sie jeweils drei Gerichte.

Lernwortschatz

anbauen, hat angebaut ....
die Bio-Qualität, -en ....
der Diabetes, – ....
sich bewusst ernähren, hat sich ernährt ....
fettreduziert ....
die Glutenunverträglichkeit, -en ....
halal ....
koscher ....
die Laktoseintoleranz, -en ....
die Lebensmittelunverträglichkeit, -en ....
....
regional ....
die Sojamilch (Sg.) ....
der Tofu (Sg.) ....
das Übergewicht (Sg.) ....
vegan ....
der Veganer, – / die Veganerin, -nen ....
(gut / schlecht) vertragen, hat vertragen ....

30 Warenbeschaffung

1 Ergänzen Sie.

Bestellschein

Art. Nr.	Stück	Artikel	Stück €	Gesamt €

der Bestellschein

das Lager

der Lieferant

die Lieferung

Preisliste

Art. Nr.	Artikel	Preis €
1110-01	Äpfel	34,89
1111-01	Pflaumen	42,68
1112-01	Birnen	36,22
1113-01	Tomaten	22,18
1114-01	Gurken	18,45

die Preisliste

Am Freitag suche ich in der ....[1] nach aktuellen Angeboten, die ich zusätzlich zu unseren regulären Hausweinen in den ....[2] eintrage. Jeden Montag bekommen wir dann die neue ....[3] von unserem Weinhändler. Ich muss dafür sorgen, dass einer meiner Mitarbeiter im Restaurant ist, wenn der ....[4] kommt, da ich um diese Zeit meistens noch im Großmarkt bin. Anschließend räume ich mit meinen Angestellten die gelieferte Ware ins ....[5].

2 Lösen Sie das Rätsel und finden Sie das Lösungswort.

Bestellung Gewinn Lager Lieferant Lieferschein Liefertermin netto Preisliste Versandkosten

1 Angabe, wann die Ware ankommt: der ____________
2 In der __________ findet man die aktuellen Angebote.
3 Die _____________ für diese Bestellung betragen 2,99 € pro kg.
4 Der _________ bringt die Lieferung von unserem Gemüsehändler immer am Dienstagnachmittag.
5 _____ liegt der Preis bei 6,49 €, brutto kostet der Wein 7,72 €.
6 Auf dem ____________ kann man den Inhalt der Lieferung erkennen.
7 Der Händler ist wirklich sehr zuverlässig, ich habe die __________ gestern aufgegeben und heute ist die Lieferung schon angekommen. Außerdem sind die Lieferkonditionen sehr gut. Es besteht auch ein Umtauschrecht, wenn man mit der Lieferung nicht zufrieden ist.
8 Der Spargel ist diese Woche sehr günstig. Wir machen deshalb mehr ______, da unsere Gerichte immer gleich viel kosten.
9 Einmal die Woche prüfe ich den Warenbestand im _____, damit wir immer genug Lebensmittel und Getränke auf Vorrat haben.

Lösungswort: _________

3 Schreiben Sie die Wörter richtig.

1 Bevor man bestellt, sollte man den .... [standberenWa] überprüfen.
2 Bei einer Bestellung ist auf die .... [nentiodikonferLie] zu achten.
3 Wenn die Ware ankommt, muss sie ins .... [erLag] geräumt werden.
4 Wenn ein Preis in .... [ttobru] angegeben ist, ist die Steuer enthalten, beim ....preis [ttoNe] nicht.
5 Wenn das Produkt einem nicht gefällt, kann man die Annahme verweigern oder von seinem .... [rechtschauUmt] Gebrauch machen.

4 Frau Bergmann macht sich Notizen, was sie machen soll – Hören Sie den Text und ergänzen Sie.

aufgeben | auf Rechnung bestellen | Lieferkonditionen | Liefertermin | Versandkosten

1 nach den .... und .... fragen
2 fragen, ob man im Voraus zahlen muss oder ob man .... kann
3 nach dem .... fragen
4 die Bestellung ....

5 Frau Bergmann ruft bei einem Gemüselieferanten an, um eine Bestellung aufzugeben – Ordnen Sie den Dialog und ergänzen Sie.

Bestellung aufgeben | Lieferbedingungen | Vorauszahlung | Liefertermin

A ... ◆ Guten Tag, Frau Bergmann. Wie kann ich Ihnen helfen?
B ... ▲ Ok. Der .... und die Konditionen sind in Ordnung, dann würde ich gern verbindlich bestellen.
C ... ▲ Ich möchte eine .... und zwar benötige ich Folgendes ... Wie sind denn Ihre ....?
D ... ◆ Alles klar, dann gebe ich die Bestellung weiter. Ich danke Ihnen, Frau Bergmann. Auf Wiederhören!
E ... ◆ Hallo, hier Adnans Gemüsegroßhandel.
F ... ◆ Wir liefern innerhalb von zwei Tagen. Die Versandkosten betragen 4,30 Euro. Es besteht die Möglichkeit auf Rechnung zu bestellen oder in .... zu gehen.
G ... ▲ Guten Tag, Bergmann vom Restaurant Adler.

6 Sind Sie zuständig für die Lebensmittelbestellungen in Ihrem Restaurant? Wie ist der Ablauf? Machen Sie Notizen.

Lernwortschatz

die Annahme (Sg.) ....
aufgeben, hat aufgegeben; eine Bestellung aufgeben ....
bestellen, hat bestellt; auf Rechnung bestellen ....
brutto ....
der Bestellschein, -e ....
die Bestellung, -en ....
der Gewinn, -e ....
das Lager, – ....
der Lieferant, -en ....
die Lieferung, -en ....
Lieferkonditionen (Pl.) ....
liefern, hat geliefert ....
der Lieferschein, -e ....
der Liefertermin, -e ....
netto ....
die Preisliste, -n ....
das Umtauschrecht (Sg.) ....
Versandkosten (Pl.) ....
die Vorauszahlung, -en ....

31 Küche aufräumen und Müll entsorgen

1 Ergänzen Sie.

der Glascontainer

die Mülltrennung

das Pfand

das Spülmittel

die (Spülmaschinen-) Tabs

1 Bei uns im Restaurant ist ______________ sehr wichtig. Wir haben eine Tonne für Plastik-, Papier- und Biomüll – Speisereste werden gesondert entsorgt.

2 Wenn wir das Geschirr mit der Hand abspülen, verwenden wir ______________. Für die Spülmaschine benutzen wir Pulver oder ______________.

3 Die Bier- und Wasserflaschen holt der Getränkehändler wieder ab. Dafür haben wir ______________ bezahlt, das der Händler dann wieder verrechnet. Andere Glasflaschen, zum Beispiel die Weinflaschen, kommen in den ______________. Dieses System vermeidet viel Müll.

2 Bernd ist die neue Küchenhilfe und Max und Lisa sollen ihm die Abläufe erklären – Hören Sie die Gespräche und ergänzen Sie die Wörternetze.

a Geschirr spülen

abspülen | ausräumen | einräumen | einschalten | die Spülmaschine | spülmaschinenfest | das Spülmittel | die Tabs

Geschirr spülen

1 ______________

2 ______________

3 ______________

4 ______________

5 ______________

6 ______________

7 ______________

8 (nicht) ______________

b Mülltrennung

der Biomüll | der Papiermüll | die Pfandflasche | der Plastikmüll | der Restmüll

die Mülltrennung

1 ______________

2 ______________

3 ______________

4 ______________

5 ______________

3 Küchenregeln – Ergänzen Sie Wörter aus 2 in der passenden Form.

1 Zuerst muss man die Spülmaschine ....[a] und dann .... [b]. Die Spülmaschinentabs nicht vergessen! Wenn die Maschine fertig ist, muss das Geschirr wieder ....[c] und in die Schränke einsortiert werden. Achtung! Pfannen und Schneidebretter sind häufig nicht ....[d]. Sie müssen mit der Hand ....[e] werden. Das Spülmittel findet man neben den ....[f] im Küchenschrank ganz unten. Manchmal haben die Gläser auch nach dem Spülen noch Flecken. Das liegt am Kalk im Wasser. Sie müssen dann nochmal gespült werden.

2 Bei uns im Restaurant sind wir sehr umweltbewusst und achten auf .... [a]. Der ....[b] kommt in die blaue Tonne, der Plastikmüll in die gelbe und für den ....[c] haben wir einen Eimer neben der Arbeitsfläche. Darauf befindet sich ein Bild von einem Apfel, daran lässt er sich erkennen. Der ....[d] wird recycelt oder verbrannt. Den Container findest du draußen im Hof. Die Flaschen werden nicht weggeworfen, das sind wiederverwertbare ....[e]. Der Händler holt die leeren Flaschen wieder ab und wir bekommen Geld zurück.

4 Was ist richtig? Kreuzen Sie an.

1 Leere Weinflaschen kann man ○ einschalten, ○ recyceln, sie sind ○ wiederverwertbar. ○ umweltbewusst.
2 Für hartnäckige ○ Kalkflecken ○ Pfandflaschen benötigt man spezielle Spülmittel.
3 Den Herd ○ spülen ○ reinigen wir mit einem fettlösenden ○ Reinigungsmittel. ○ Tab.
4 Die Pfannen sind nicht ○ wiederverwertbar, ○ spülmaschinenfest. Man muss sie mit der Hand ○ abspülen. ○ recyceln.

5 Wie trennen Sie den Müll an Ihrem Arbeitsplatz? Weshalb ist Mülltrennung wichtig? Notieren Sie.

Lernwortschatz

(ab)spülen, hat abgespült ....
ausräumen, hat ausgeräumt ....
der Biomüll (Sg.) ....
einräumen, hat eingeräumt ....
einschalten, hat eingeschaltet ....
Geschirr spülen ....
der Glascontainer, – ....
die Mülltrennung (Sg.) ....
der Papiermüll (Sg.) ....
das Pfand (Sg.) ....
die Pfandflasche, -n ....
recyceln, hat recycelt ....
reinigen, hat gereinigt ....
das Reinigungsmittel, – ....
der Restmüll (Sg.) ....
die Spülmaschine, -n ....
spülmaschinenfest ....
das Spülmittel, – ....
der (Spülmaschinen)tab, -s ....
umweltbewusst ....
wiederverwertbar ....

32 Großküche und Großveranstaltungen

1 Ergänzen Sie.

die Cafeteria

die Essens-ausgabe

die Großküche

die (Groß)-veranstaltung

die Kantine

der Speiseplan

der Speisesaal

1 In der __________ werden Speisen für eine Vielzahl an Personen zubereitet.
2 Die Firma verfügt über eine __________, in der die Angestellten mittags günstig essen können. Wer nur etwas Kleines essen möchte, kann nebenan in die __________ gehen.
3 Um zwölf Uhr wollen alle ganz schnell etwas zu essen haben, dann ist eine lange Schlange an der __________. Es ist empfehlenswert, erst nach halb eins essen zu gehen.
4 Der __________ für diese Woche ist sehr ansprechend. Am Montag gibt es Lasagne und Schnitzel, am Dienstag Hühnchen mit Couscous und Milchreis, am Mittwoch …
5 Wir haben nächste Woche eine __________ bzw. einen Event mit 200 Gästen, die verköstigt werden wollen. Hoffentlich passen alle in unseren __________.

2 Hören Sie und ergänzen Sie dann.

1 Wo arbeitet Andi? In einer __________.
2 In der Kantine gibt es keine klassische __________, sondern __________.
3 Die Mitarbeiter bringen ihren Teller auf einem __________ in den __________.
4 Am Nachmittag gibt es nur noch in der __________ etwas zu essen.
5 Welche Aufgabe macht Andi besonders Spaß? Einen __________ zu erstellen.

3 Ergänzen Sie.

Budget | Buffet | Flying Buffet | Front Cooking | Partyservice

1 Bei Großveranstaltungen, aber auch in großen Kantinen hat man heute den Kochbereich direkt im Veranstaltungsraum. Das nennt man __________.
2 Für gehobene Großveranstaltungen bietet es sich für den __________ an, ein __________ zu organisieren. Dann müssen die Gäste sich nicht anstellen, sondern das Essen wird auf Tabletts zu ihnen gebracht.
3 Je nach __________ wird entschieden, welche Form von Catering angeboten wird. Das klassische __________ ist die günstigste Variante und man kann trotzdem eine große Auswahl an Speisen anbieten.

4 Ergänzen Sie in der passenden Form.

Atmosphäre | Budget | Buffet | Catering | Flying Buffet | Großevent | Partyservice | Personalkosten | Veranstaltung | verköstigen

Tina, leitet einen Partyservice

Vor 3 Jahren habe ich einen ....[1] gegründet. Seitdem sorge ich vor allem auf Großveranstaltungen, aber auch auf kleineren Events, Tagungen und Seminaren für das ....[2] und ich ....[3] die Gäste. Je nachdem, wie groß die ....[4] und wie hoch das ....[5] ist, plane ich das Essen und den Service. Wenn sehr viele Gäste da sind, es sich also um ein ....[6] handelt, brauche ich noch Unterstützung im Service und die ....[7] müssen natürlich auch in das Budget miteingerechnet werden.
Natürlich gilt es immer, die Wünsche des Veranstalters zu beachten: Möchte er z. B. ein klassisches ....[8] auf Tischen aufgebaut haben oder ein ....[9]? Am Ende ist es aber am wichtigsten, dass sich alle wohlfühlen und eine angenehme ....[10] herrscht.

5 Verbinden Sie.

1 Was gibt es heute zu essen?
2 Bitte plane für die Veranstaltung am Freitag nur zwei Kellner anstatt drei ein.
3 Für eine Feier bis zu 80 Gästen würde ich Ihnen raten, den kleineren Festsaal zu mieten.
4 Pass auf!

A Dort herrscht einfach eine bessere Atmosphäre.
B Schau doch mal auf den Speiseplan.
C Gleich fallen dir die Gläser vom Tablett.
D Wir müssen Personalkosten sparen.

6 Müssen Sie Veranstaltungen organisieren? Auf was müssen Sie dabei besonders achten? Machen Sie Notizen.

Lernwortschatz

die Atmosphäre, -n ....
das Budget, -s ....
das Buffet, -s ....
die Cafeteria, Cafeterien ....
das Catering, -s ....
die Essensausgabe, -n ....
das Flying Buffet, -s ....
das Front Cooking (Sg.) ....
das (Groß)event, -s ....
die Großküche, -n ....
die (Groß)veranstaltung, -n ....
die Kantine, -n ....
der Partyservice, -s ....
Personalkosten (Pl.) ....
der Speiseplan, ⸚e ....
der Speisesaal, -säle ....
das Tablett, -s ....
verköstigen, hat verköstigt ....

33 Systemgastronomie oder Individualgastronomie

1 Ergänzen Sie.

das Bistro

das Fast Food

die Imbissbude

Konserven

Burger und Pommes

die Tiefkühlware

1 Bei einem ____________________ handelt es sich um ein Restaurant, das keine vollständige Speisekarte hat, sondern eher Kleinigkeiten anbietet.
2 Eine ____________________ ist ein kleiner Kiosk, in dem Snacks wie Bratwürste und Sandwiches verkauft werden.
3 ____________________ ist meistens nicht besonders gesund. Es besteht oft aus sehr fettigem Essen wie ____.
4 Convenience-Produkte sind Nahrungsmittel, die als ____________________, Trocken- oder ____________________ geliefert werden. Sie sind verzehrfertig oder eignen sich zur Weiterverarbeitung.

2 Richtig oder falsch? Lesen Sie und kreuzen Sie dann an.

Der wichtigste Unterschied zwischen Systemgastronomie und Individualgastronomie ist die Standardisierung der organisatorischen Abläufe in der Systemgastronomie. Das bedeutet, dass mehrere Restaurants mit dem gleichen System arbeiten, gleiche oder sehr ähnliche Produkte anbieten und sich alle Filialen an die gleichen Hygienerichtlinien zu halten haben. Außerdem ist in der Systemgastronomie Selbstbedienung die Regel.
Geleitet werden die Restaurants von einem Geschäftsführer oder Filialleiter. Sie sind jedoch nicht eigenständig, sondern gehören als Filialen zu einem größeren Unternehmen. Meist werden sogenannte Convenience-Produkte, also Lebensmittel, die bereits vorverarbeitet wurden, von der Zentrale in die jeweiligen Restaurants geliefert.
Diese Standardisierung hat Vor- und Nachteile. Einerseits bietet das System den Angestellten mehr Sicherheit und auch der Kunde weiß, dass er das bekommt, was er erwartet. Andererseits kann das auch schnell langweilig werden oder die Qualität des Essens leidet durch die Massenproduktion.
Um dem entgegenzuwirken, setzt man inzwischen mehr auf Slow Food. Dies steht im Gegensatz zu Fast Food und zeichnet sich dadurch aus, dass die Organisation zwar auch standardisiert und vereinheitlicht ist, die Gerichte jedoch frisch zubereitet werden. Durch die Verwendung frischer Zutaten soll das Essen gesünder sein.

	richtig	falsch
1 Individualgastronomie und Systemgastronomie sind sehr ähnlich.	○	○
2 Die Abläufe in der Systemgastronomie sind standardisiert.	○	○
3 In der Systemgastronomie werden die Kunden bedient.	○	○

4 Slow Food soll frischer und gesünder sein als Fast Food. ○ ○
5 In der Systemgastronomie gibt es Hygienerichtlinien. ○ ○
6 Convenience-Food heißt, dass das Essen noch komplett zubereitet werden muss. ○ ○

3 Verbinden Sie.

1 Convenience-Food sind Nahrungsmittel,
2 Slow Food gilt im Gegensatz zu Fast Food
3 An Imbissbuden gibt es zwar auch meistens Fast Food,
4 Pommes, Burger und frittiertes Essen
5 In Filialien eines Franchiseunternehmens gelten

A aber sie gehören nicht unbedingt zur Systemgastronomie.
B werden meist mit Fast Food in Verbindung gebracht.
C die für die Weiterverarbeitung in der Gastronomie vorbereitet sind.
D standardisierte Hygienerichtlinien.
E als gesund.

4 Hören und ergänzen Sie.

Maria, Fachwirtin für Systemgastronomie

Ich habe eine Ausbildung als Fachfrau für ____________[1] gemacht und viele Jahre bei einer Hamburger-Kette gearbeitet. An der Systemgastronomie hat mir gefallen, dass man fest angestellt ist und dadurch mehr Sicherheiten hat. Viele meiner Freunde sagen, sie wollen nicht in der Systemgastronomie arbeiten, weil es ihnen zu langweilig und zu ____________[2] sei. Mich stört das nicht. Allerdings ist das Essen in vielen Franchiseunternehmen nicht besonders gesund, weil sie vor allem auf Fast Food setzen. Die Nahrungsmittel werden als ____________[3] oder in ____________[4] fertig geliefert und können dann mit wenigen Handgriffen zubereitet werden. Seit zehn Monaten bin ich ____________[5] bei meiner neuen Firma. Das ist auch ein ____________unternehmen[6] und keine ____________[7]. Allerdings wird dort ____________[8] angeboten und die Atmosphäre gefällt mir besser.

5 Arbeiten Sie in der System- oder in der Individualgastronomie? Wo sind für Sie die Vor- und Nachteile? Machen Sie Notizen.

Lernwortschatz

das Bistro, -s ____________
der Burger, – ____________
das Convenience-Food (Sg.) ____________
das Convenience-Produkt, -e ____________
das Fast Food (Sg.) ____________
der Filialleiter, – / die Filialleiterin, -nen ____________
das Franchiseunternehmen, – ____________
die Hygienerichtlinie, -n ____________
die Imbissbude, -n ____________
die Individualgastronomie (Sg.) ____________
die Konserve, -n ____________
Pommes (frites) (Pl.) ____________
die Selbstbedienung (Sg.) ____________
das Slow Food (Sg.) ____________
standardisiert ____________
die Systemgastronomie (Sg.) ____________
die Tiefkühlware, -n ____________

34 Qualitätskontrolle und Hygiene

1 Verbinden Sie.

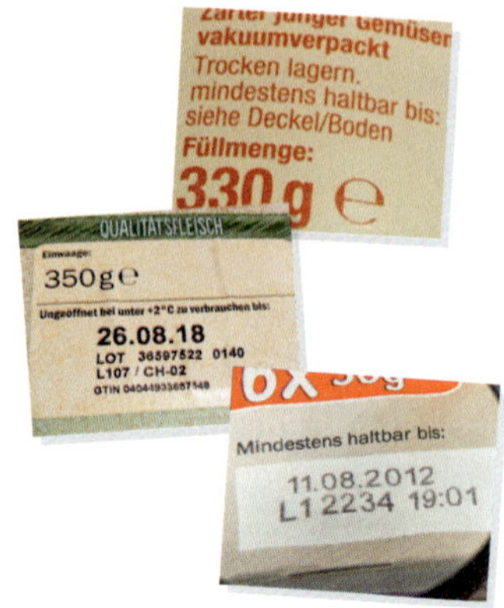

1 reklamieren	A über längere Zeit genießbar
2 mangelhaft	B nicht zufriedenstellend
3 desinfizieren	C ohne Mängel
4 unbeschädigt	D schlechte Ware zurückgeben
5 verderben	E sehr gut saubermachen
6 haltbar	F konsumieren
7 verbrauchen	G kaputtgehen

2 Ergänzen Sie.

Haltbarkeitsdatum | Verbrauchsdatum

Im Supermarkt steht auf der Verpackung von Fleisch oft ein ....[1]. Bis dahin sollten Sie das Lebensmittel spätestens konsumiert haben. Nach diesem Datum darf das Produkt auch nicht mehr verkauft werden. Beim ....[2] ist das weniger streng. Ab diesem Zeitpunkt gibt es nur keine Garantie mehr, dass das Produkt noch gut ist. Oft können Sie es aber noch bedenkenlos essen oder trinken.

3 Ergänzen Sie.

gesundheitliche Gefährdungen | HACCP-Konzept | Hygiene | Qualitätskontrolle | Sichtkontrolle | Tiefkühlkette

1 Jede Restaurantküche muss Risiken minimieren und bei Problemen möglichst schnell eine Lösung finden. Wie man das macht, legt man in einem .... fest. Die Abkürzung ist Englisch und heißt: Hazard Analysis and Critical Control Points.
2 Natürlich achten wir darauf, dass immer alles sehr sauber ist. Die .... ist das A und O in unserer Großküche.
3 Bei gefrorenen Produkten muss darauf geachtet werden, dass die .... nicht unterbrochen wird. D. h., sie dürfen beim Transport und bei der Lagerung nie wärmer als –18 °C werden.
4 Für unsere tägliche .... nutzen wir eine ausführliche Checkliste. Wir dokumentieren z. B. jede Lebensmittelprüfung, aber auch jede Reinigung unserer Küche.
5 Sich zu verbrennen, zu verbrühen oder zu schneiden sind typische .... in der Küche.
6 Bei einer .... prüfen Sie optisch, ob eine Lieferung mangelhaft ist.

4 Hören und ergänzen Sie.

Jede Küche braucht ein HACCP-Konzept
In der EU ist geregelt, dass sich jede Küche ständig selbst kontrollieren muss. Dazu entwickeln alle Restaurants, Großküchen, Bäckereien etc. ein eigenes ....[1]. Das bedeutet, dass festgelegt werden muss,

Näheres finden Sie zum Beispiel in der EU-Verordnung mit der Nummer 852/2004.

wo bei der Qualität und ....[2] etwas schiefgehen könnte und wie man diese Risiken vermeiden kann. Außerdem muss man wissen, was zu tun ist, wenn es doch einmal Probleme gibt. So sollen gesundheitliche ....[3] vermieden werden.

Das HACCP-Konzept enthält verschiedene Elemente, unter anderem:

- feste Regeln (z. B.: Was macht man mit ....[4] Lebensmitteln?)
- regelmäßige Kontrollen (z. B.: Ist das ....[5] eines Lebensmittels abgelaufen? Entdecken Sie ....[6]?)
- Dokumentation (z. B.: Haben Sie bei allen neu gelieferten Lebensmitteln eine ....[7] gemacht?)

5 Verbinden Sie.

1 Botulinus-Toxin
2 Schimmel
3 Schädlinge
4 Salmonellen
5 Fäulniserreger

A kommen vor allem in tierischen Lebensmitteln wie Geflügel, Hackfleisch und Eiern vor. Sie sterben bei etwa 80 °C.
B entsteht besonders auf frischen Lebensmitteln wie Brot, Wurst oder Obst. Oft ist er weiß oder grün.
C kommen überall vor und sind kein Problem, wenn man den Arbeitsplatz sauber hält. Ansonsten können sie Lebensmittel verderben.
D sind Tiere, die Lebensmittel verderben.
E kommt vor allem in Verpackungen vor, die ohne Luft verschlossen wurden, z. B. in Dosen oder Gläsern. In diesem Fall stinken die Lebensmittel und sind hochgiftig.

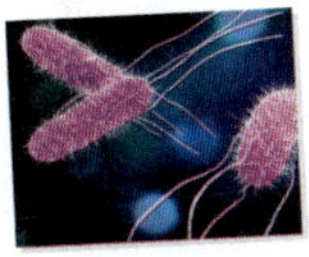

6 Welche Qualitätskontrollen sind an Ihrem Arbeitsplatz typisch? Notieren Sie.

Lernwortschatz

das Botulinus-Toxin, -e ....
desinfizieren, hat desinfiziert ....
der Fäulniserreger, – ....
die gesundheitliche Gefährdung, -en ....
das HACCP-Konzept, -e ....
haltbar ....
das (Mindest)haltbarkeitsdatum, -daten ....
die Hygiene (Sg.) ....
mangelhaft ....
die Qualitätskontrolle, -n ....
reklamieren, hat reklamiert ....
Salmonellen (Pl.) ....
der Schädling, -e ....
der Schimmel, – ....
die Sichtkontrolle, -n ....
die Tiefkühlkette, -n ....
unbeschädigt ....
verbrauchen, hat verbraucht ....
das Verbrauchsdatum, -daten ....
verderben, ist verdorben ....

35 Sicherheit am Arbeitsplatz

1 Beschriften Sie die Verbotszeichen.

kein Trinkwasser | mit Wasser löschen verboten | Rauchen, Feuer, offenes Licht verboten | Rauchen verboten

1 .... 2 .... 3 .... 4 ....

2 Was benötigen Sie? Sortieren Sie. Manche Wörter passen mehrmals.

der Sicherheits-schuh

die Stechschutz-schürze

der Einmalhand-schuh

der Schnittschutz-handschuh

die Baretthaube

Fleisch zerlegen	Küche reinigen

3 Was bedeuten die Warnzeichen? Finden Sie die Wörter und beschriften Sie die Bilder.

I	Ä	A	L	E	R	A	F	Ö	E	N	T	Z	Ü	N	D	L	I	C	H
T	T	Ö	P	A	R	L	T	O	G	Z	A	M	V	O	N	R	A	T	O
R	Z	B	G	E	R	U	Z	G	E	Z	T	R	G	T	H	V	C	S	D
G	E	S	U	N	D	H	E	I	T	S	S	C	H	Ä	D	L	I	C	H
A	N	Z	R	E	H	Ü	T	F	L	D	V	R	A	H	B	A	G	E	R
T	D	A	U	M	W	E	L	T	G	E	F	Ä	H	R	L	I	C	H	L
R	A	I	N	S	A	M	T	I	L	G	C	D	R	Z	S	E	D	F	L
E	N	S	A	K	L	I	C	G	A	N	F	C	H	B	M	Ü	T	R	E

1 .... 2 leicht .... 3 .... 4 .... 5 ....

4 Kreuzen Sie das richtige Satzende an.

Hier befindet sich …

1
- ○ ein Aufzug.
- ○ ein Fluchtweg.
- ○ eine Treppe.

2
- ○ ein Krankenhaus.
- ○ eine Kirche.
- ○ Erste Hilfe.

3
- ○ ein Krankenhaus.
- ○ ein kranker Mensch.
- ○ eine Krankentrage.

4
- ○ eine Luftpumpe.
- ○ ein Feuerlöscher.
- ○ eine Sauerstoffflasche.

5 Hören und ergänzen Sie.

In Restaurantküchen ist das Rauchen grundsätzlich ....[1]. Nicht nur wegen der Hygiene, sondern auch weil leicht ....[2] Stoffe schnell brennen können, z. B. Reinigungsmittel. Zur Sicherheit ist auf ihnen auch das entsprechende ....[3] zu sehen. Entsteht trotzdem einmal ein Feuer, sorgen Sie dafür, dass alle Personen möglichst schnell das Gebäude verlassen. Dazu sollten Sie die ....[4] an Ihrem Arbeitsplatz kennen. Handelt es sich um einen sehr kleinen Brand, hilft der ....[5].

6 Welche Schilder kennen Sie von Ihrem Arbeitsplatz? Notieren Sie, was sie bedeuten.

Lernwortschatz

ätzend ....
die Baretthaube, -n ....
der Einmalhandschuh, -e ....
leicht entzündlich ....
die Erste Hilfe (Sg.) ....
der Feuerlöscher, – ....
der Fluchtweg, -e ....
gesundheitsschädlich ....
giftig ....
die Krankentrage, -n ....
das offene Licht (Sg.) ....
löschen, hat gelöscht ....
die Stechschutzschürze, -n ....
der Schnittschutzhandschuh, -e ....
der Sicherheitsschuh, -e ....
das Trinkwasser (Sg.) ....
umweltgefährlich ....
verbieten, hat verboten ....
das Verbotszeichen, – ....
das Warnzeichen, – ....

Wörterverzeichnis

Die Zahl gibt die Nummer des Wortfelds an.

H

I

J

K

L

M

N

O

P

Preiselbeere die, -n **10**
Preisliste die, -n **30**
Prise die, -n **17**
Produktionsmethode die, -n **8**
Prosecco der, -s **22**
Protein das, -e **20**
pürieren, hat püriert **16**
Pürierstab der, e **15**
Pute die, -n **7**
Putenbruststreifen der, – **13**
putzen, hat geputzt **14**

Q

Qualitätskontrolle die, -n **34**

R

Radicchio der (Sg.) **13**
Radler das, – **22**
raspeln, hat geraspelt **14**
Räucherlachs der, -e **8**
räuchern **7**
Rechaud das (auch: der), -s **3**
Rechnung die, -en **6**
Rechnungsbetrag der, ¨-e **6**
Rechnungsnummer die, -n **6**
Rechnungsstellung die, -en **6**
recyceln, hat recycelt **31**
regional **29**
Reh das, -e **7**
reinigen, hat gereinigt **31**
Reinigungsmittel das, – **31**
Reklamation die, -n **5**
reklamieren, hat reklamiert **34**
Restaurant das, -s **1**
Restaurantfachmann der, ¨-er / die Restaurantfachfrau, -en **1**
Restmüll der (Sg.) **31**
Rezept das, -e **17**
Rind das, -er **7**
Rinderfiletspitze die, -n **13**
Ring der, -e: in Ringe schneiden, hat geschnitten **11**
Roggen der (Sg.) **25**
Rohkost die (Sg.) **13**
Rohwurst die, z. B.: Salami, Mettwurst, Teewurst **9**
Rollmops der, ¨-e **8**
Romanasalat der (Sg.) **13**
Rosine die, -n **10**
Rosmarin der (Sg.) **18**
rösten, hat geröstet **16, 24**
Rote Bete die (auch: Beete), -n **12**
Rotwein der, -e **22**
Rückenflosse die, -n **8**
Rucola der (Sg.) **13**
Ruhe bewahren, hat Ruhe bewahrt **5**
Rührei das, -er **26**

S

Safran der, -e **19**
saftig **25**
Saisonkarte die, -n **21**
Salbei der (Sg.) **18**
Salmonellen (Pl.) **34**
Salz-/Pfefferstreuer der, – **3**
salzig **19**
sammeln, hat gesammelt **18**
sauer **19**
Sauerkraut das (Sg.) **12**
Sauermilchkäse der, z. B.: Harzer **9**
Schädling der, -e **34**
schälen, hat geschält **10, 14**
Schalenfrucht die, e **28**
Schalenobst das (Sg.) **10**
Schalotte die, -n **12**
Schanklizenz die, -en **23**
scharf **19**
Scheibe die, -n: in Scheiben schneiden, hat geschnitten **14**
Schimmel der, – **34**
Schinken der, – **9**
schmecken, hat geschmeckt **4**
schmoren, hat geschmort **16**
schmutzig **5**
Schneebesen der, – **15**
schneiden, hat geschnitten **18**
Schnellgarer der, – **15**
Schnittlauch der (Sg.) **18**
Schnittschutzhandschuh der, -e **35**
Schnitzel das, – **7**
Schorle die, – **22**
Schuppe die, -n **8**
Schutzschuh der, -e **35**
Schwanzflosse die, -n **8**
Schwefeldioxid das, -e **28**
Schwein das, -e **7**
schwenken, hat geschwenkt **16**
Seefisch der, -e **8**
Sekt der, -e **22**
Selbstbedienung die (Sg.) **33**
Sellerie der, –/-s; (österreichisch auch: die, –/-n) **28**
Senf der, -e **28**
Service der (Sg.) **4**
servieren, hat serviert **4**
Sesam der, -s **28**
Sichtkontrolle die, -n **34**
Sieb das, -e **15**
Siedepunkt der, -e **8**
Silberbesteck das (Sg.) **3**
Slow Food das (Sg.) **33**
Soja die / das, Sojen **28**
Sojamilch die (Sg.) **29**
Sonnenblumenkern der, -e **13**
Spachtel der, – (besonders in Österreich auch: die Spachtel, -n) **15**
Spargel der, – (manchmal auch: die Spargel, -n) **11**
Sparschäler der, – **15**
Speck der, -e **26**
Speise die, -n **21**
Speisekarte die, -n **4**
speisen, hat gespeist **4**
Speiseplan der, ¨-e **32**
Speisesaal der, -säle **32**
Sperrstunde die (Sg.) **23**
Spiegelei das, -er **26**
Spinat der (Sg.) **11**
spülen, hat gespült **31**
Spülmaschine die, -n **31**
spülmaschinenfest **31**
Spülmaschinentab der, -s **31**
Spülmittel das, – **31**
standardisiert **33**
Steak das, -s **7**
Steakmesser das, – **2**
Stechschutzschürze die, -n **35**
Steinobst das (Sg.) **10**
Steinpilz der, -e **11**

T

U

V

W

Z

Quellenverzeichnis

Cover: © Getty Images/E+/pixdeluxe

S. 5: Zeichnung © Hueber Verlag/Thomas Stark; Foto © Thinkstock/iStock/Minerva Studio

S. 6: 1 © Thinkstock/Wavebreakmedia Ltd; 2 © Thinkstock/Wavebreak Media; 3 © Thinkstock/iStock/JackF; 4 © Thinkstock/iStock/Wavebreakmedia; 5 © Thinkstock/iStock/Wavebreakmedia; 6 © Thinkstock/iStock/4774344sean

S. 7: Mann © iStockphoto/kemalbas; Frau © iStock/IS_ImageSource; Biergarten © MEV

S. 8: Ü1 von links: © juniart – stock.adobe.com; © Thinkstock/iStock/black_shogun; © malkovkosta – stock.adobe.com; © Thinkstock/iStock/letterberry; © uckyo-stock.adobe.com; Ü2: 1. Spalte von oben: 2x © Thinkstock/E+/alphacat; © iStockphoto/MarkSwallow; © Thinkstock/E+/alphacat ; © GettyImages/E+/daneger; 2. Spalte von oben: © Thinkstock/E+/alphacat; © exopixel – stock.adobe.com; 2x © Thinkstock/E+/alphacat; © GettyImages/iStock/DustyPixel; © GettyImages/iStock/EasyBuy4u; Ü3: A © Thinkstock/iStock/Paperkites; B © Thinkstock/iStock/choness; C © Mamuka Gotsiribze; D © Thinkstock/iStock/Alexander_Tar

S. 9: 1 © Thinkstock/iStock/THEERADECH; 2, 4, 5, 6 © Thinkstock/iStock/Suradech14; 3 © Thinkstock/iStock/Olesya22

S. 10: Ü1a: 1 © Thinkstock/iStock/AlexeyVS; 2 © Thinkstock/iStock/Victor_69; 3 © GettyImages/iStock/malerapaso; 4 © Thinkstock/iStock/AndreyGorulk; 5 © Thinkstock/iStock/NYS444; 6 © thanksforbuying – stock.adobe.com; 7 © Thinkstock/iStock/Magone; 8 © Thinkstock/iStock/Coprid; Ü1b: oben © Thinkstock/iStock/beorm; unten © Thinkstock/iStock/TeerawatWinyarat

S. 11: Ü3: 1. Reihe von links: © Thinkstock/iStock/creativesunday2016; © Thinkstock/iStock/Kinsei-TGS; © Thinkstock/iStock/MilaDrumeva; © Thinkstock/iStock/Svetlana-Cherruty; 2. Reihe von links: © Thinkstock/iStock/StockPhotosArt; © Thinkstock/iStock/Nastco; © fotolia/April Koehler

S. 12: Ü1 von links: © Thinkstock/iStock/Wavebreakmedia; © Thinkstock/iStock/puhhha; © Thinkstock/iStock/Minerva Studio; © Thinkstock/iStock/LuminaStock; Ü4 © Thinkstock/iStock/JackF

S. 13: © Thinkstock/iStock/gpointstudio

S. 14: A © Thinkstock/iStock/angorius; B © Thinkstock/iStock/Superanry; C © GettyImages/iStock/ilbusca; D © Thinkstock/iStock/Morrhigan; E © Thinkstock/iStock/Chefmd; F © WoGi – stock.adobe.com; G © Hueber Verlag/Thomas Stark

S. 15: oben © Innovated Captures – stock.adobe.com; unten © Thinkstock/iStock/MachineHeadz

S. 16: A © Klaus Eppele – stock.adobe.com; B © Martin Schütz – stock.adobe.com; C © Andrey Popov – stock.adobe.com; D © Syda Productions – stock.adobe.com; E © Thinkstock/Photodisc/Nick Whit; F © Antonioguillem – stock.adobe.com; G © iStockphoto/MarcusPhoto1

S. 18: Ü1 von links: © Thinkstock/iStock/Tsekhmister; © Thinkstock/iStock/Rudimencial; © Thinkstock/iStock/Lilkin; 3x © Thinkstock/iStock/GlobalP; © Thinkstock/iStock/Voren1; © Thinkstock/iStock/chas53; © Thinkstock/iStock/GlobalP; © Thinkstock/iStock/Ocs_12; Ü2: A © Thinkstock/iStock/GlobalP; B © Thinkstock/iStock/Voren1; C © Thinkstock/iStock/NatalyaAksenova; D © Thinkstock/iStock/chas53; Ü4: 1 ©jeep-babes – stock.adobe.com; 2 © Thinkstock/iStock/Magone; 3 © Thinkstock/iStock/margouillatphotos; 4 © Thinkstock/iStock/JoeGough; 5 © Thinkstock/iStock/mtoome; 6 © Thinkstock/iStock/vinicef

S. 19: © Thinkstock/iStock/Lesyy

S. 20: Ü1 von links: © Thinkstock/iStock/IriGri8; © Y.YAGISAWA – stock.adobe.com; © Thinkstock/iStock/Wiktory; © Thinkstock/iStock/AlexRaths; © Thinkstock/iStock/chengyuzheng; © Thinkstock/iStock/Edster1980; © LianeM – stock.adobe.com; © Thinkstock/iStock/svariophoto; © Thinkstock/iStock/Lisovskaya

S. 21: © Top Photo Group – stock.adobe.com

S. 22: Ü1 © Thinkstock/iStockphoto; Ü2: A © Thinkstock/iStock/PicLeidenschaft; B © Thinkstock/iStock/etiennevoss; C © PhotoSG – stock.adobe.com; D © Thinkstock/iStock/Kikagogo; E © HLPhoto – stock.adobe.com; F © Thinkstock/iStock/Fudio

S. 23: © emuck – stock.adobe.com

S. 24: 1 © Thinkstock/iStock/ilietus; 2 © Thinkstock/iStock/CQYoung, 3 © Thinkstock/iStock/Андрей Елкин; 4 © Thinkstock/iStock/Gizelka; 5 © fotolia/amlet; 6 © iStock/ZoneCreative; 7 © Thinkstock/iStock/ilietus; 8 © Thinkstock/iStock/Ekaterina_Simonova

S. 25: 1 © fotolia/amlet; 2 © fotolia/Konnov Leonid; 3 © Thinkstock/iStock/CQYoung; 4 © Thinkstock/iStock/ilietus; 5 © Thinkstock/iStock/artisteer; 6 © Thinkstock/iStock/Gizelka

S. 26: Ü1: 1 © PantherMedia/S_Bogdanski; 2 © Thinkstock/iStock/eskymaks; 3 © Thinkstock/iStock/MelanieMaier; 4 © Thinkstock/iStock/alexbai; 5 © Thinkstock/iStock/barmalini; 6 © Thinkstock/iStock/dianazh; 7 © Thinkstock/iStock/PosiNote; 8 © Thinkstock/iStock/Lecic; 9 © Thinkstock/iStock/nambitomo, Ü2: 1 © Thinkstock/iStock/msk.nina; 2 © Thinkstock/iStock/Nosyrevy; 3 © Thinkstock/iStock; 4 © Thinkstock/iStock/nixki

S. 27: 1 © Thinkstock/iStock/Marina07; 2 © Thinkstock/iStock/KatarzynaBialasiewicz; 3 © uduhunt – stock.adobe.com; 4 © Moving Moment – adobe.stock.com

S. 28: Ü1b: 1. Reihe von links: © Thinkstock/iStock/Maksym Narodenko; © iStock/kgfoto; © Thinkstock/iStock/tpzijl; © Getty Images/iStock/EVAfotografie; © Thinkstock/iStock/Elen11; © Thinkstock/iStock/Ryzhkov; 2. Reihe von links © Thinkstock/iStock/photomaru; © Thinkstock/iStock/egal; © Thinkstock/iStock/Evgeny Tomeev; © Thinkstock/iStock/firina; © Thinkstock/iStock/Photopips; © Hallgerd – stock.adobe.com; Ü2: A © Thinkstock/iStock/chengyuzheng; B © Thinkstock/iStock/sinarp2; C © rdnzl – stock.adobe.com; D © Thinkstock/iStock/UroshPetro

S. 29: © Thinkstock/iStock/Koldunov

S. 30: Ü1 von links: © fotolia/Norman Chan; © fotolia/Dani Vincek; © Thinkstock/iStock/AndreaAstes; © Thinkstock/iStock/EdnaM; Ü3 von links: © Thinkstock/iStock/Roger Heil; © Thinkstock/iStock/barol16; © Thinkstock/iStock/OlgaLepeshkina

S. 31: von links: © Thinkstock/iStock/scisettialfio; © Thinkstock/iStock/cynoclub; © Thinkstock/iStock/NikiLitov; © mizina – stock.adobe.com; © Thinkstock/iStock/jwblinn

S. 32: Ü1 von links: © Thinkstock/iStock/Akchamczuk; © ExQuisine – stock.adobe.com; © normankrauss – stock.adobe.com; © Thinkstock/iStock/InnerVisionPRO; © imagox – stock.adobe.com; © lophie – stock.adobe.com; Ü2: 1. Spalte von oben: © Andreas Gruhl – stock.adobe.com; © Carmen Steiner – stock.adobe.com; 2. Spalte von oben: © twystydigi – stock.adobe.com; © Gerhard Bittner – stock.adobe.com; © Thinkstock/iStock/Foto-Cuisinette; Ü4 von links: © Thinkstock/iStock/lantapix; © Thinkstock/iStock/manu10319; © darkbird – stock.adobe.com; © Thinkstock/iStock/tataks; © Thinkstock/iStock/Yobro10; © foodinaire – stock.adobe.com

S. 33: © Thinkstock/iStock/master1305

S. 34: Ü1: 1 © K.-U. Häßler – stock.adobe.com; 2 © Ronald Rampsch – stock.adobe.com; 3 © 135pixels – stock.adobe.com; 4 © Dmitry Vereshchagin – stock.adobe.com; 5 © Thinkstock/iStock/vladrakola; 6 © Thinkstock/iStock/cookelma; 7 © Schwoab – stock.adobe.com; 8 © Thinkstock/iStock/piovesempre; 9 © Lake Stylez – stock.adobe.com; Ü2 von links: © Thinkstock/iStock/aopsan; © ahornfoto – stock.adobe.com; © Thinkstock/iStock/GOLFX; © Sviatlana – stock.adobe.com; © Thinkstock/iStock/bernjuer; © Thinkstock/iStock/Keerati9999; Ü3 von links: © Thinkstock/iStock/13112525; ©jovkovski1969 – stock.adobe.com; © Thinkstock/iStock/Warut1; © Pixelot – stock.adobe.com; © Thinkstock/iStock/Photology; © Thinkstock/iStock/Sergiy1975

S. 35: © Thinkstock/iStock/eevil_beau

S. 37: Ü4 © Thinkstock/iStock/morgan23; Ü5 alle © Africa Studio – stock.adobe.com

S. 38: Ü1: 1 © Thinkstock/iStock/RossHelen; 2, 6 © Dalmatin.o – stock.adobe.com; 3 © Thinkstock/iStockphoto; 4 © Hueber Verlag/Nina Metzger; 5 © Thinkstock/iStock/

Wavebreakmedia; 7 © Thinkstock/iStock/didecs; Ü3 © Thinkstock/istock/kwasny221

S. 39: © Thinkstock/iStock/LarisaBlinova

S. 40: Ü1 von links: © Thinkstock/iStock/Yasonya; © Thinkstock/iStock/Preto_perola; © Thinkstock/iStock/Arina_Bogachyova; © Thinkstock/iStock/FRANCOIS-; © Thinkstock/iStock/robynmac; © Thinkstock/iStock/bonchan; Ü2: 1–6 © Thinkstock/iStock/egal; 7 © Thinkstock/iStock/AlexRaths; Ü3 von links: © Thinkstock/iStock/AlexRaths; © Thinkstock/iStock/lzf; © Thinkstock/iStock/KucherAV; © Thinkstock/iStock/grafvision; © Thinkstock/iStock/fotomem

S. 41: © Thinkstock/iStock/maxsol7

S. 42: Ü3 von links: © Thinkstock/iStock/lentus25; © Thinkstock/iStock/pixeldepot; © Thinkstock/iStock/Maksym Narodenko; © Thinkstock/iStock/choness; © Thinkstock/iStock/Samohin; © Thinkstock/iStockphoto; © Thinkstock/iStock/Wiktory

S. 43: © Thinkstock/iStock/GoranPetrov

S. 44: von links: © Thinkstock/iStock/-marilyna; © Thinkstock/iStock/tamsindove; © Multiart – stock.adobe.com; © maho – stock.adobe.com; © volff – stock.adobe.com; © iStockphoto/cerealphotos

S. 45: links © Thinkstock/iStock/Shannon Kohn; rechts © Thinkstock/iStock/Eivaisla

S. 46: Kartoffelklöße © fotolia/Andrea Wilhelm; Himbeere © fotolia/Svenja98; Gemüsesuppe © Getty Images/ma-k; Schnitzel © Thinkstock/iStock/pechevoy

S. 48: Ü1 von links: © Thinkstock/iStock/Centuryboy; © Thinkstock/iStock/Grisha; © Thinkstock/iStock/Karandaev; © Getty Images/iStock/Erdosain; © Thinkstock/iStock/boule13; © Thinkstock/iStock/Hyrma; © TeamDaf – stock.adobe.com; © Thinkstock/iStock/photka; © Thinkstock/iStock/rgbdigital; Ü2a von links: © Thinkstock/iStock/Grisha; 3x © fotolia/eyetronic; © Thinkstock/iStock/Azureus70; © Thinkstock/iStock/EdnaM; 2x © fotolia/Zerbor; © Thinkstock/iStock/Pascal Luijpen; Ü2b © Thinkstock/iStock/Minerva Studio

S. 49: 1 © Thinkstock/iStock/kieferpix; 2 © Thinkstock/iStock/imagemanufa; 3 © Thinkstock/iStock/viafilms; 4 © Thinkstock/iStock/@NathanHandy; 5 © Thinkstock/iStock/nd3000

S. 50: Ü1: 1 © photoprime – stock.adobe.com; 2 © Thinkstock/iStock/monkeybusiness-images; 3 © Thinkstock/Digital Vision; 4 © Thinkstock/iStock/Purestock; Ü2 von links: © Thinkstock/iStock/ZavgSG; © Thinkstock/iStock/habrda; © Thinkstock/moi/amanaimagesRF © Thinkstock/iStock/unalozmen; © Thinkstock/iStock/farakos; © Thinkstock/iStockphoto

S. 51: © Thinkstock/iStock/DGLimages

S. 52: von links: © Thinkstock/iStock/DenisKot; © Thinkstock/iStock/IlonaImagine; © Mamuka Gotsiribze; © Wanja Jacob – stock.adobe.com; © Thinkstock/iStock/Olexii; © Thinkstock/iStock/Chansom Pantip

S. 53: © Thinkstock/iStock/Rawpixel

S. 54: Ü1: Brezel © Thinkstock/iStock/Magone; Kastenbrot © sihasakprachum – stock.adobe.com; Brötchen © Thinkstock/iStock/pbnew; Fladenbrot © Thinkstock/iStock/Richard Griffin; Baguette © Thinkstock/iStockphoto; Croissant © fotolia/MarcoBagnoli Elflaco; Laib © PantherMedia/Sergey Skleznev; Plundergebäck © Thinkstock/iStock/Vadim-Zakirov; Mehrkornbrot © fotolia/gandolf; Kasten von links: © fotolia/photography; © fotolia/Antonio Gravante; © Thinkstock/iStock/MichaelJay; Brezel © Thinkstock/iStock/Photodsotiroff; Ü2: 1 © Thinkstock/iStock/ratmaner; 2 © schiros – stock.adobe.com; 3 © stockpics – stock.adobe.com; 4 © Thinkstock/iStock/Alter_photo; 5 © Thinkstock/iStock/khudoliy

S. 55: Ü5a: 1 © Thinkstock/iStock/brig4nti; 2 © Natallia – stock.adobe.com; 3 © fotolia/Thomas Francois; 4 © Thinkstock/iStock/SKatzenberger; 5 © Inga Nielsen – stock.adobe.com; Ü5b von links: © iStock/sumbul; © A_Lein – stock.adobe.com; © Thinkstock/iStock/rozmarina; © Kathleen Rekowski – stock.adobe.com; © iStockphoto/HHLtDave5; © Carmen Steiner – stock.adobe.com; © irisblende.de; © Thinkstock/iStock/A_Lein

S. 56: Ü1: A © beats_ – stock.adobe.com; B: Margarine © GettyImages/iStock/mipan; Butter © Thinkstock/iStock/Evgeniy Skripnichenko; C © Thinkstock/iStock/meteo021; D © fotolia/Marika Kröger; E © Thinkstock/iStockphoto; F © Thinkstock/iStock/Rawpixel; Ü2a von links: © Thinkstock/iStock/R_Jasson; © Thinkstock/iStock/bhofack2; © Thinkstock/iStock/Lisovskaya; © Thinkstock/iStock/supparsorn

S. 57: 1 © fotolia/Marika Kröger; 2 © Thinkstock/iStock/Electrography; 3 © Thinkstock/iStock/PeterPolak; 4 © Thinkstock/iStock/LDProd

S. 58: 1 © Thinkstock/iStock/dpullman; 2 © Thinkstock/iStock/etiennevoss; 3 © samuelgarces – stock.adobe.com; 4 © Vidady – stock.adobe.com; 5 © Thinkstock/iStock/tmcnem

S. 59: Ü4 © Thinkstock/iStock/Volosina; Ü5 © Thinkstock/iStock/Cylonphoto

S. 60: Ü2 alle: © Thinkstock/iStock/Jennlein; Ü3 © fotolia/T. Michel

S. 61: © GettyImages/iStock/FangXiaNuo

S. 62: 1 © fotolia/PhotoSG; 2 © Thinkstock/iStock/RossHelen; 3 © Getty Images/iStock/subjug; 4 © by-studio – stock.adobe.com; 5 © Moving Moment – stock.adobe.com; 6 © Thinkstock/iStock/NolanBerg11

S. 63: 1 © Getty Images/E+/gradyreese; 2 © Getty Images/iStock/davidf; 3 © Thinkstock/Photodisc; 4 © Thinkstock/iStock/Juanmonino; 5 © iStock/azndc

S. 64: Lager © Lucky Dragon – stock.adobe.com; Lieferant © Thinkstock/iStock/LightFieldStudios; Lieferung © Thinkstock/iStock/Greenseas **S. 65:** © GettyImages/E+/Ales-A

S. 66: Ü1 von links: © PantherMedia/bluemli; © Thinkstock/iStock/giovannicaito; © Comofoto – stock.adobe.com; © gradt – stock.adobe.com; © Thinkstock/iStock/PicLeidenschaft; Ü2a: 1 © Thinkstock/iStockphoto; 2 © Thinkstock/iStock/PicLeidenschaft; 3 © Thinkstock/iStock/Wavebreakmedia; 4 © Racle Fotodesign – stock.adobe.com; 5 © gradt – stock.adobe.com; 6 © Thinkstock/iStock/Brezina; 7 © GettyImages/iStock/bymuratdeniz; © 8 Thinkstock/iStock/greyj; Ü2b: 1 © eyetronic – stock.adobe.com; 2 © Thinkstock/iStock/Naypong; 3 © Thinkstock/iStock/TommL; 4 © Thinkstock/iStock/MementoImage; 5 © Thinkstock/iStock/Pureradiancephoto

S. 67: © Thinkstock/iStock/Tuned_In

S. 68: Ü1 von links: © Thinkstock/iStock/dit26978; © Monkey Business – stock.adobe.com; © Thinkstock/iStock/zhudifeng; © Ritu Jethani – stock.adobe.com; © Hueber Verlag/Gerd Pfeiffer; © Peter Atkins – stock.adobe.com; © Thinkstock/iStock/rilueda; Ü2 © Thinkstock/iStock/gorodenkoff; Ü3 von links: © Getty Images/Westend61; © Thinkstock/E+/webphotographeer; © Thinkstock/iStock/kasto80

S. 69: © Thinkstock/iStock/m-imagephotography

S. 70: von links: © Thinkstock/iStock/Relentless_one; © GettyImages/iStock Editorial/Rostislavv; © wavebreak3 – stock.adobe.com; © Thinkstock/iStock/Photosiber; © iStockphoto/MorePixels; © termis1983 – stock.adobe.com

S. 71: © Thinkstock/iStock/ajr_images

S. 72: von oben: 2x © Hueber Verlag/Thomas Stark; © shootingankauf – stock.adobe.com

S. 73: von oben: © Thinkstock/iStock/John-Reynolds; © Thinkstock/iStock/urfinguss; © Thinkstock/iStock/thrive16

S. 74: Ü1 alle © fotolia/vektorisiert; Ü2 von links: © Thinkstock/iStock/Nikonlike; © Schlachthausfreund GmbH / www.schlachthausfreund.com; © Sandra van der Steen – stock.adobe.com; © viennapro – stock.adobe.com; © Getty Images/Cultura

S. 75: oben alle © Thinkstock/iStock/Ecelop; Ü4: 1 © fotolia/markus_marb; 2 , 4 © fotolia/T. Michel; 3 © Thinkstock/iStock/Stefanie Keller

Illustrationen: Mascha Greune, München

Bildredaktion: Nina Metzger, Hueber Verlag, München

Audios

Sprecherinnen und Sprecher:
Nils Dienemann, Walter von Hauff, Anke Kortemeier, Angelika Utto

Aufnahmen und Postproduktion:
Tonstudio Langer, Neufahrn bei Freising

Weitere Titel

Im Beruf NEU,
Fachwortschatztrainer
Pflege
ISBN 978–3–19–321190–3

Im Beruf NEU,
Fachwortschatztrainer
Reinigung
ISBN 978–3–19–371190–8

Im Beruf NEU,
Fachwortschatztrainer
Technik
ISBN 978–3–19–311190–6

Im Beruf NEU,
Fachwortschatztrainer
Erziehung
ISBN 978–3–19–361190–1

Im Beruf NEU,
Fachwortschatztrainer
Bau
ISBN 978–3–19–331190–0

Im Beruf NEU,
Fachwortschatztrainer
Einzelhandel
ISBN 978–3–19–381190–5